Aufatmen

Manfred Gerland

Aufatmen

Die Spiritualität der Natur entdecken

edition chrismon

Bibliografische Information der Deutschen Nationalbibliothek: Die Deutsche Nationalbibliothek verzeichnet diese Publikation in der Deutschen Nationalbibliografie; detaillierte bibliografische Daten sind im Internet über http://dnb.d-nb.de abrufbar.

Printed in EU

Das Buch wurde auf alterungsbeständigem Papier gedruckt.

Cover: Anja Haß, Leipzig
Coverfoto: Fifin Yulia Ningsih/Unsplash
Innengestaltung: Thomas Puschmannm · fruehbeetgrafik.de, Leipzig
Fotos: Annie Spratt/Unsplash
Bildbearbeitung: Jessica Zaydan
Druck und Bindung: Czech News Center a.s.

ISBN 978-3-96038-287-4
www.eva-leipzig.de

Vorwort

In der Natur unterwegs zu sein, ist gut für Körper, Geist und Seele. Hier kann man seinem Bewegungsdrang folgen und ein Gefühl von Weite und Freiheit erleben. Und wenn man mit allen Sinnen unterwegs ist, kann man nicht nur sich selbst, sondern auch Gott begegnen. Dieses Buch bringt die Achtsamkeitsbewegung mit Schätzen der christlichen Mystik und Schöpfungsspiritualität in Verbindung. Es will zum Rausgehen anregen und den Blick und das Herz für die Schätze unserer Umwelt weiten. Denn das Wunder beginnt direkt vor der Haustür. Und es lohnt sich, einfach mal innezuhalten und sich aufzumachen, um aufzuatmen.

Seit meiner Jugend bin ich als leidenschaftlicher Wanderer und Pilger mit der Natur eng verbunden. Als Pfarrer für Meditation und geistliches Leben habe ich siebenundzwanzig Jahre lang im evangelischen Kloster Germerode bei Kassel und an anderen Orten Meditationskurse, Studienreisen, Pilgerwanderungen, Wege der Achtsamkeit und Gottesdienste auf dem Weg geleitet. Als geistlicher Begleiter, Referent und Autor bin ich weiterhin in diesem Bereich tätig. Meine Motivation dabei ist, anderen zu helfen, die Natur mit allen Sinnen zu erleben, sie wertzuschätzen, zu lieben und in ihr zu gesunden. Für mich ist sie Ort vielfältiger Gottesbegegnungen.

Ich danke Annegret Grimm (Grimm-Kommunikation, Weimar) für die kompetente Beratung und Unterstützung bei der Entstehung des Buches und dem chrismon Verlag für die Aufnahme in sein Programm.

Manfred Gerland
Herleshausen, im April 2021

Inhalt

9 / Einleitung

15 / Die Stimme der Natur

27 / Achtsamkeit

33 / Sehnsucht

39 / Heilsame Unterbrechung

45 / Aufbruch

53 / Auf der Schwelle

58 / Anderort

61 / Unterwegs

67 / Waldbaden

73 / Loslassen und empfangen

81 / Die Welt ist Gottes so voll

85 / Die drei Augen

94 / Verbundenheit

103 / Gott ist gegenwärtig

108 / Leben inmitten von Leben

116 / Hören

121 / Einswerden

128 / Lehrmeisterin Natur

141 / Kraftorte

145 / Vier Pfade

150 / Geben und nehmen

154 / Anverwandlung

162 / Zum Schluss

165 / Quellennachweise

166 / Literatur

Übungen

48 / Schenk dir einen Wüstentag

55 / Schwellenritual

63 / Meditatives Gehen

70 / Waldbaden

76 / Den eigenen Atem wahrnehmen

88 / Eine Handvoll Erde

90 / Angehaucht und durchströmt vom Atem des Lebens

97 / Verbunden sein

105 / Deine Strahlen fassen und dich wirken lassen

113 / Pirschen wie die Indianer

118 / Hören

125 / Ich in dir und du in mir

134 / Mein Baum – von den Wurzeln bis zur Krone

137 / ... der ist wie ein Baum

143 / Kraft aus der Erde

157 / Mandala aus Naturmaterialien

Einleitung

Aufatmen, in Bewegung kommen, die Natur genießen – das war und ist die große Sehnsucht nach so vielen Einschränkungen, die wir in jüngerer Vergangenheit erlebt haben. Immer mehr Menschen sind jetzt spazierengehend, wandernd, walkend, joggend unterwegs in der Natur, um die Bewegung zu genießen und auf andere Gedanken zu kommen. Sie haben dabei ihre nähere Umgebung und Heimat neu entdeckt und schätzen gelernt. Das wird auch in Zukunft so bleiben und sich vielleicht noch verstärken.

Die Natur als Gegenwelt zum Alltag erfährt eine immer größere Wertschätzung, hilft sie doch vielen dabei, aus Burnout, Depressionen und mancherlei körperlichen Gebrechen herauszukommen und neue Kraft zu schöpfen. Psychotherapeutische, psychosomatische und auch physiologische Therapien werden immer öfter in die Natur verlegt, um die heilsamen Kräfte der Natur unterstützend zu nutzen, wie zum Beispiel das Waldbaden, das erwiesenermaßen heilende Wirkungen hat.

In vielen Religionen und spirituellen Ansätzen spielt die Natur bzw. die Schöpfung eine wichtige, sinnstiftende Rolle. Die Verbindung von Achtsamkeit, Mensch und

Natur hat vor allem im Buddhismus eine jahrtausendealte Geisteshaltung und spirituelle Praxis der Selbstfindung und spirituellen Erfahrung wachsen lassen. Naturanschauungen indigener Völker, Stämme und ihrer Religionen werden heute aufgrund der dahinterstehenden naturnahen Lebensweise und ihres animistischen Verständnisses der Natur gern von esoterischen Naturanschauungen rezipiert. Oft sind solche esoterischen Modelle patchworkartig aus unterschiedlichsten Religionen und Naturanschauungen ausgewählt und sehr zufällig zusammengestellt oder so kombiniert, wie es dem Autor gerade in sein Konzept passt. Der Buchmarkt ist mit unzähligen esoterischen Sachbüchern und Ratgebern zum Thema Natur und Achtsamkeit geradezu überschwemmt, und es ist wirklich ein Glücksfall, hier etwas Solides zu finden.

Dem Christentum wird oft vorgeworfen, es habe die Natur entzaubert und entgöttlicht und sie spätestens seit der Aufklärung mit dem biblischen Auftrag, sich die Erde untertan zu machen (1. Mose 1,28), zum Objekt und zur Verfügungsmasse menschlicher Ausbeutung degradiert. Insbesondere der Protestantismus habe, so Max Weber, alles Magische aus der Welt verbannt, Gott in ein unerreichbares Jenseits verschoben und die Natur als reine Materie verstanden und behandelt. Daran ist viel Wahres. Und doch gibt es bereits im Neuen Testament der Bibel die Vorstellung des universalen Christus, der die Schöpfung durchdringt und mit seinem Geist belebt. Hieran hat die christliche Mystik, zum Beispiel einer Hildegard von Bingen, eines Meister Eckharts oder Gerhard Tersteegens, angeknüpft. Wir brauchen also das Christentum oder unseren Kulturkreis nicht zu verlassen, um Anregungen und Orientierung für eine sinnstiftende und achtsame Schöpfungsspiritualität zu bekommen. Das gilt auch für eine verantwortliche, ökologische Praxis. Die christlichen Kirchen haben seit mindestens dreißig Jahren die Bewahrung der Schöpfung zu einem zentralen Thema gemacht und sind heute ein wichtiger Kooperationspartner für unterschiedliche Umweltbewegungen.

In den letzten Jahren ist weltweit eine neue Sensibilität für die Bedrohung der Natur durch den Menschen und, damit verbunden, ein neues Umweltbewusstsein gewachsen. Eine junge Generation fürchtet zu Recht um ihre Zukunft und den Erhalt der Biodiversität und der Grundlagen des Lebens auf der Erde. Sie fordert radikal einen Paradigmenwechsel im Umgang mit der Natur und eine neue weltweite Politik, die den Klimawandel und seine Folgen begrenzt. Auch Papst Franziskus hat in seiner Enzyklika „Laudato si“ aus dem Jahr 2015 seiner „Sorge für das gemeinsame Haus“ Ausdruck verliehen und wegweisende Perspektiven für einen neuen ökologischen Lebensstil aufgezeigt. Er wirbt für einen Paradigmenwechsel, bei dem es ihm um Einfachheit, Verzicht mit Freude, Genügsamkeit, Demut und eine Kultur der Liebe und Achtsamkeit unter allen Geschöpfen geht. Weil alles mit allem verbunden ist, sind wir eingeladen, „eine Spiritualität der globalen Solidarität heranreifen zu lassen, die aus dem Geheimnis der Dreifaltigkeit Gottes entspringt".[1] Mahnungen und politische Forderungen allein werden keine neue Haltung zur Natur, kein neues Bewusstsein und keine neue Praxis hervorbringen. Der Pädagoge Heinrich Pestalozzi war davon überzeugt: „Nur was wir kennen und lieben, sind wir zu schützen bereit." Wir schützen, was wir lieben.

Die Liebe zur Natur zu wecken und zu befördern, Zusammenhänge deutlich zu machen und ein neues Bewusstsein der Verbundenheit unter allen Geschöpfen zu fördern, ist ein großes Anliegen dieses Buches. Die Liebe zur Natur schlummert bereits in unseren Herzen. Sie macht sich bemerkbar in unserer Sehnsucht nach ursprünglicher Verbundenheit mit ihr. Sie führt uns in die Tiefe der Wälder, auf die Gipfel der Berge und in die Weite der Meere. Sie motiviert uns aber auch, für die Bewahrung der Schöpfung noch entschiedener und entschlossener einzutreten.

Zu Übungen der Achtsamkeit in der Natur sind Sie in diesem Buch eingeladen. „Achtsamkeit" ist ein seit Jahren inflationär genutzter Begriff. Für manche ist er nur ein abgegriffenes, schwammiges Modewort. Als Pfarrer für Meditation und geistliches Leben habe ich seit über zwanzig Jahren Erfahrungen mit der Methode der Achtsamkeit sammeln und Menschen darin in der Meditation und Kontemplation anleiten und begleiten dürfen. Achtsamkeit ist die Aufmerksamkeit für das, was im Moment ist. Sie ist die Wahrnehmung des gegenwärtigen Augenblicks im Hier und Jetzt. Achtsamkeit kann man gut in der Beobachtung des Atems oder des Leibes (z. B. Bodyscan), aber auch in der Begehung der Natur lernen und üben. Die Achtsamkeit öffnet vielfältige Kanäle der Wahrnehmung und ist eine ausgezeichnete Methode für die Begegnung und Vereinigung mit der Natur.

Sie können beim Lesen des Buches an jeder Stelle einsteigen, auch können Sie sich einzelne Übungen herauspicken, die Sie interessieren. Das handliche und griffige Format lädt dazu ein, das Buch beim nächsten Spaziergang oder Wanderung in die Tasche zu packen und vor Ort aufzuschlagen und die Übungen tatsächlich auch zu machen. Lesen Sie sich die Anleitung vorher mehrfach durch und verinnerlichen Sie sie, damit Sie sich im Vollzug ganz auf das Erleben einlassen können. Wenn Sie selbst gute Erfahrungen mit den Übungen gemacht haben, können Sie damit auch Gruppen anleiten.

Die Stimme der Natur

Schläft ein Lied in allen Dingen,
die da träumen fort und fort,
und die Welt hebt an zu singen,
triffst du nur das Zauberwort.

JOSEPH VON EICHENDORFF (1788–1857)

Wohin gehen Menschen, wenn sie in die Natur aufbrechen? Was können sie dort erfahren, und was kommt dort möglicherweise auf sie zu? Ist die Natur nur Arena sportlicher Aktivitäten, Sanatorium für gestresste Großstädter, Objekt unserer Erkundungen und Eroberungen, stumme Materie, oder spricht sie zu uns, antwortet sie gar mit eigener Stimme? Solche grundsätzlichen Fragen sollen in der gebotenen Kürze hier erörtert werden. Denn dies ist die Grundlage und Voraussetzung unserer Expedition in die Natur, die wir mit diesem Buch unternehmen wollen. Wir folgen dabei unter anderem dem Resonanzkonzept Hartmut Rosas, der sehr eindrücklich zeigt, wie die Natur zu der zentralen Resonanzsphäre der Moderne geworden ist.[2] Die Vorstellung, dass der Kosmos bzw. die Natur zu uns spricht oder gar singt, ist weit verbreitet. Sie lässt sich in ganz unterschiedlichen Kulturen und Religionen finden, beispielsweise in den Werken der deutschen Romantik, wie in Joseph von Eichendorffs eingangs zitiertem Gedicht „Wünschelrute". Dahinter steht die Vorstellung, dass die Welt von einer kosmischen Sinfonie durchdrungen ist und dass man nur den richtigen Ton treffen und anstimmen muss, um die Melodie aufzuwecken und zum Schwingen und Klingen zu bringen. Nach dieser Auffassung ist die Welt resonanzfähig, nicht, indem sie einfach nur ein Echoraum ist, in dem der Klang widerhallt und es so herausschallt, wie er eingedrungen ist, sondern indem sie uns mit eigener Stimme antwortet.

Für den Theologen Friedrich Schleiermacher (1768–1834) ereignet sich im „Anschauen des Universums" eine dynamische Begegnung des Menschen mit der Natur, in der es zu einer wechselseitigen Berührung kommt, die man als religiöse Erfahrung bezeichnen kann. Alles Angeschaute habe eine unmittelbare Rückwirkung auf den Anschauenden. Dabei kann es sogar zu einer gegenseitigen Durchdringung kommen, die er folgendermaßen beschreibt: „Ich liege am Busen der unendlichen Welt: ich bin in diesem Augenblick ihre Seele, denn ich fühle all ihre Kräfte und ihr unendliches Leben, wie mein eigenes; sie ist in diesem Augenblick mein Leib, denn ich durchdringe ihre Muskeln und ihre Glieder wie meine eigenen, und ihre innersten Nerven bewegen sich nach meinem Sinn und meiner Ahnung wie die meinigen."[3] Nach Hartmut Rosa steckt hinter dieser Anschauung und Erfahrung die „Idee einer *entgegenkommenden, antwortenden* Welt, die uns berührt und der wir unsererseits entgegenzugehen vermögen".[4] Natur ist demnach für den Menschen ein resonantes Gegenüber, auf das es zu hören gilt. Mensch und Natur sind zwar zunächst zwei in sich abgeschlossene Erscheinungen bzw. Subjekte, die sich aber auch gegenseitig durchdringen und gegenseitig korrigieren und widersprechen können.

Überall dort, wo Menschen meinen, dringend wieder einmal in die Natur, das heißt ins Freie, in den Wald, an den Fluss oder in den Garten gehen zu müssen, ist dieser Wunsch verbunden mit der Ahnung bzw. Überzeugung, man könne, wenn man auf die Natur hört oder in die Natur geht, *sich selbst finden*. Das ist insgeheim auch die Erwartung vieler Pilger, die sich wie Hape Kerkeling auf eine längere Pilgerwanderung begeben. Menschen brechen auf aus der Enge ihrer Alltagswelt, mit einer oft noch unbestimmten Sehnsucht nach Weite und Freiheit, nach Kraft und Verwandlung, die sie in der Natur, auf dem Weg oder an einem ganz bestimmten Ort für sich oder andere erwarten. Sie sind dabei auf der Suche nach sich selbst, weil sie meinen, sich irgendwie verloren zu haben in den vielen Anforderungen, die in Arbeit und Familie auf sie einstürmen. Krisen in der Lebensmitte verunsichern zusätzlich und kosten viel Kraft. Sie sind auf der Suche nach Orientierung und Kraft für ihr Leben.

In der Psychobewegung der letzten Jahrzehnte ist immer wieder die Rede von Kraftressourcen, die man in sich selbst finden und aktivieren könne. Die Arbeit an der eigenen Identität, ein Zu-sich-selbst-Kommen, wird als Aufgabe und Ziel so mancher Outdoor-Aktivität angesehen. Viele derer, die zu einer Pilgerwanderung aufgebrochen sind, um sich selbst zu finden, sind auf dem Weg zunächst in große Turbulenzen geraten. Die Anstrengungen des Weges haben sie durchgeschüttelt und manchmal an den Rand der Verzweiflung gebracht. Auf dem Weg ist ihnen vielleicht unter Schmerzen das Liebste genommen worden: die Geborgenheit, die Sicherheit, die Gewohnheit. Beim Pilgern oder anderen vergleichbaren Outdoor-Aktivitäten kann es zu ganz unvermuteten Erfahrungen kommen: Statt zur Ruhe zu kommen, durchlebt man eine Art Wandlungs- und Sterbeprozess, wird aufgewühlt und kommt mit den eigenen Möglichkeiten an seine Grenzen.

Der Rückzug in die äußere Natur gilt noch immer als eine der verlässlichsten Methoden, die Stimme der inneren Natur wahrzunehmen. Die innere Natur durch die äußere Natur zu verstehen, erscheint dabei als Voraussetzung für gelingendes Leben. Die zwei Aufrufe „Höre in dich hinein!“ und „Höre auf die Natur!“ verschmelzen zu *einer* Haltung und Handlung.[5] Immer wieder berichten Menschen von Erfahrungen, wie sie dem (Lock-)Ruf des Meeres oder der Berge gefolgt, zu Expeditionen aufgebrochen sind und dort nicht einfach nur Wellness und Harmonie oder die Bestätigung ihrer eigenen Position erlebt haben, sondern wie ihnen dort Unverfügbares, Widerständiges und Eigensinniges begegnet ist, das sie durch eine Krise zu sich selbst gebracht und verwandelt hat. So auch Hape Kerkeling am Ende seiner Pilgerwanderung: „Dieser Weg ist hart und wundervoll. Er ist eine Herausforderung und eine Einladung. Er macht dich kaputt und leer. Restlos. Und er baut dich wieder auf. Gründlich. Er nimmt dir alle Kraft und gibt sie dir dreifach zurück."[6] Diese transformierenden Erfahrungen sind unterm Strich viel wertvoller als ästhetisch schöne Erlebnisse oder romantische Gefühle. Es geht in der Begegnung mit der Natur neben ästhetisch und emotional bewegenden Erfahrungen vor allem um die Transformation eigener Zustände und Befindlichkeiten, die sich in einem Prozess der Anverwandlung der Natur ereignet. Dabei wird ihr die Möglichkeit eingeräumt, mit eigener Stimme und Wirkkraft zu antworten und mit der eigenen inneren Natur zu kommunizieren.

Aber das andere gibt es natürlich auch, dass man in der Betrachtung einer Landschaft, der Weite des Meeres oder beim Wandern im Wald in eine psychophysische Wechselbeziehung mit der Natur tritt und ganz berührt und fasziniert ist. Die Atmung, die Körperhaltung, der Hautwiderstand und die Einstellung des Sinnesapparates verändern sich dabei, und man atmet im wahrsten Sinne des Wortes auf, kann entspannen und genießen. Das ist die Sehnsucht vieler, die im Alltag in Bürotürmen, Fabrikhallen, Schulen, Universitäten usw. eingezwängt leben und arbeiten. Viele von ihnen rüsten sich technisch und modisch mit entsprechender Kleidung und Equipment aus und folgen damit den Glücksversprechungen einer boomenden Outdoor-Industrie, um in ihrer Freizeit in die Anderwelt der Natur aufzubrechen und dort authentische, einmalige Erfahrungen zu machen. Andere haben sich, von der gleichen Sehnsucht geleitet, einen Schrebergarten zugelegt, der ihnen als Refugium dient und in dem sie Blumen pflanzen und Gemüse für die eigene gesunde, naturnahe Ernährung anbauen. Und wieder andere holen sich zumindest etwas Grünes ins Zimmer oder auf den Balkon, um dem Alltagsgrau etwas entgegenzusetzen.

In der Medizin, die in den letzten Jahren enorme Fortschritte gemacht hat, aber Gefahr läuft, in eine Apparatemedizin abzugleiten und den Menschen in seinen unterschiedlichen Bezügen und Bedürfnissen aus dem Auge zu verlieren, gibt es eine Aufmerksamkeit und Hinwendung zu alten oder neuen Naturheilverfahren. In ihnen lassen sich auch esoterische Praktiken und Lehren finden, die Resonanzen und Korrespondenzen zwischen Sternen, Kräutern, Organen und Temperamenten versprechen. Sie basieren auf der Idee, dass es zwischen Mensch und Natur eine nichtinstrumentelle und nichtmanipulative Wechselwirkung gibt, in der die Natur mit eigener Stimme antwortet und aus eigener Kraft wirkt.

Natur-Resonanz wird als etwas erfahren, das sich „*hinter dem Rücken der Akteure* vollzieht. Sie erwächst aus der Überzeugung, dass ‚tief in uns', an der Wurzel unserer Existenz und damit aller Sozialisation und Zivilisation vorgelagert etwas ist (*unsere innere Natur*), das mit der äußeren Natur oder den Elementen verbunden ist und das auf diese reagiert und antwortet – an unserem bewussten Denken und vielleicht sogar an unseren Empfindungen vorbei."[7]

Die wissenschaftliche Naturerforschung und vor allem die technisch-produktivistische Naturaneignung arbeiten demgegenüber mit anderen Prämissen. Sie sehen in der Natur kein resonanzfähiges Subjekt, wie oben beschrieben, sondern nur eine kausal mit uns verbundene Rohstoffquelle und (nur) ein Gestaltungsobjekt. Auf der Grundlage dieser Anschauung kam und kommt es in der Spätmoderne zu teilweise verheerenden zerstörerischen Eingriffen in die Natur. War es bisher wichtig, den Willen der Natur zu respektieren, so wird jetzt der Wille der Natur unserem Willen unterworfen. Protestbewegungen wie „Fridays for Future", aber auch Papst Franziskus in seiner Umwelt-Enzyklika „Laudato si" legen immer wieder den Finger in diese Wunde und fordern einen Paradigmenwechsel im Verständnis und im Umgang mit der Natur. Nach Hartmut Rosa ist die Grundangst der Spätmoderne

„nicht, dass wir die Natur als *Ressource* verlieren, sondern dass die Natur als *Resonanzsphäre* verstummen könnte, als ein eigenständiges Gegenüber, das uns antworten kann und damit Orientierung zu stiften vermag".[8] So gibt es den oft nicht eingestandenen Wunsch vieler Naturschützer, die Natur möge zurückschlagen, damit wir sie wieder hören können. Von einigen werden Naturkatastrophen unserer Tage als „Hammerschläge" gedeutet, mit denen die Natur auf sich aufmerksam macht und sich rächt.

Hartmut Rosa weist darauf hin, dass in der Kultur der Spätmoderne die Natur tendenziell als eine Resonanz*oase* im Gegensatz zur harten Welt der Politik, des Rechts und der Ökonomie konzeptualisiert und erfahren wird. Man sucht sie in den außeralltäglichen Momenten des Lebens auf, in der Freizeit, nach Feierabend, am Sonntag. Dabei dominiere ein naturästhetischer, romantischer Wahrnehmungsmodus. Menschen erfahren dabei Momente des Berührtwerdens, allerdings mehr im Sinne eines passivrezeptiven Erlebens. Natur wird hier nicht tätig anverwandelt, sondern als erhabenes Schauspiel genossen. Manchmal wird sie auch zur Projektions- und Inspirationsfläche für alles Schöne und Erhabene. Mit einer romantisierenden bürgerlichen Naturästhetik allein wird man den Herausforderungen, in die uns Klimawandel und Naturzerstörung stellen, nicht gerecht. Was dabei fehlt, ist die aktive Anverwandlung von Natur, die im Engagement für ihren Schutz und für die Bewahrung der Schöpfung vielfältige

Aufgaben findet. Letztendlich schützen wir vor allem das, was wir lieben. Und wir lieben vor allem das, was uns tief berührt. So müssen und können naturästhetische Erfahrungen in das gesellschaftlich-politische Engagement für die Natur führen.

Der Apostel Paulus spricht in seinem Brief an die Römer vom „ängstlichen Harren der Kreatur, die darauf wartet, dass die Kinder Gottes offenbar werden", und sieht damit in der Schöpfung eine gegenüber dem Menschen eigenständige Erscheinung, die auf Erlösung wartet. Die darauf wartet, frei zu werden vom Schicksal der Vergänglichkeit, aber auch von der Abhängigkeit durch die Menschen. Er beschreibt die Schöpfung im Bild einer schwangeren Frau, die „seufzt und in den Wehen liegt" und auf die Geburt wartet (vgl. Römer 8, 18–22). Hier wird die Schöpfung als antwortendes, mit eigener Stimme sprechendes, resonanzfähiges Gegenüber des Menschen dargestellt, die leidet, aber durchaus auch wirkungsmächtig ist. Diese meines Erachtens nüchterne und realistische Naturbeschreibung gibt Orientierung. Von dieser Anschauung her verbietet sich jeder verdinglichende ausbeuterische Zugriff auf die Natur im Sinne eines toten Objekts, das man zu eigenem Nutzen manipulieren und ausbeuten darf. Sie bewahrt Christen auch davor, die Natur zu überhöhen und zu verklären oder in eine romantisierende Naturästhetik zu verfallen. Sie hilft aber darüber hinaus, ihre Würde und gegenüber dem Menschen gegebene Eigenständigkeit und Resonanzfähigkeit zu erkennen, zu achten und zu schützen.

Fassen wir noch einmal zusammen: Die Natur ist die Resonanzsphäre des Menschen, in der er sich bewegt und lebt, mit der er kommunizieren und in der er sich selbst finden und erkennen kann. In diesem Kommunikationsprozess macht sich die Natur mit eigener Stimme bemerkbar. Indigenen Völker war und ist es völlig bewusst, dass die sie umgebende Natur mit ihren Lebewesen, Formationen, Kräften und Elementen genauso belebt bzw. beseelt ist wie sie selbst und dass sie vielerlei Signale und Botschaften aussendet. Viele Menschen in den westlichen Kulturen entwickeln wieder verstärkt Sensoren, mit denen sie die tiefe Naturverbundenheit immer deutlicher spüren und zu Empathie mit der leidenden Natur fähig sind. Manchmal sind die Impulse und Signale, die die Natur aussendet, deutlich wahrzunehmen, ist die Resonanz so stark, dass die Drähte gleichsam glühen, manchmal verstummen die Resonanzachsen und sind wie tot. Dass die Natur unter den zerstörerischen Eingriffen des Menschen leidet, ist in unserer Zeit so deutlich wie nie zuvor. Die Spuren der Zerstörung sind unverkennbar. Unter uns wachsen die Ahnung und das Wissen, dass wir am Schicksal der Natur, an ihrem Wohlergehen wie an ihrem Leiden, partizipieren, weil wir ja aufs Engste mit ihr verbunden und ein Teil von ihr sind.

Aber es gibt auch Resonanzachsen, nicht nur zwischen Mensch und Natur, sondern auch in der Natur am Menschen vorbei. Der Förster und Bestsellerautor Peter Wohlleben ist beispielsweise überzeugt davon, dass Bäume untereinander kommunizieren. Bäume seien sehr soziale Wesen, die Gemeinschaften bilden, Freundschaften schließen, sich gegenseitig mit Nährstoffen versorgen, einander vor Gefahren warnen und sogar „kuscheln", meint Wohlleben.[9] Diese anthropomorphe Beschreibung der Natur wirkt etwas irritierend. Dennoch kann man meines Erachtens, wenn man den Ausführungen Wohllebens folgt, von einem sensiblen Sozialverhalten der Bäume sprechen, das man bei einer ganzheitlichen Betrachtung des Ökosystems Wald durchaus nachvollziehen kann.

Achtsamkeit

Mein sind die Jahre nicht, die mir die Zeit genommen.
Mein sind die Jahre nicht, die etwa mögen kommen.
Der Augenblick ist mein und nehm ich den in acht,
so ist der mein, der Zeit und Ewigkeit gemacht.

ANDREAS GRYPHIUS (1616–1664)

Die Natur ist also für viele Menschen eine wichtige, wenn nicht die Resonanzsphäre, in der sie aufatmen können, die sie aber auch zu vertiefter Selbsterkenntnis führt oder gar zum Raum der Gottesbegegnung wird. Dazu bedarf es, so klang es bereits an, einer Haltung der Aufmerksamkeit, oder wie man auch sagen kann: der Achtsamkeit.

„Achtsamkeit" ist heute in aller Munde. In der Personalführung, im Coaching, in der Psychotherapie, selbst in kirchlichen Bildungshäusern und Meditationskursen wird Achtsamkeit als eine Haltung der inneren Aufmerksamkeit und Wahrnehmung intensiv eingesetzt und geübt. Dabei geht es um eine absichtsvolle, nicht wertende Lenkung der Aufmerksamkeit auf den gegenwärtigen Augenblick, auf das, was jetzt ist.

Man unterscheidet im Allgemeinen zwischen fokussierter und weiter Achtsamkeit. Die fokussierte Achtsamkeit ist objektbezogen. Dabei betrachten wir beispielsweise einen Baum, seine Wurzel, den Stamm, die Äste und Blätter. Wir schauen, riechen und tasten. Man kann auch einen Gedanken nehmen, zum Beispiel Dankbarkeit. Auf dem Weg durch den Park oder Wald betrachten wir alles mit dem Fokus der Dankbarkeit: die Wolken am Himmel, die Blumen auf der Wiese, das unterschiedliche Grün der Blätter. Bei der weiten Achtsamkeit weiten wir unseren Wahrnehmungshorizont und achten auf alles, was auf uns zukommt, was wir über unsere Sinne aufnehmen können. Die weite Achtsamkeit nimmt alles wertfrei auf, ohne daran haften zu bleiben.

Körperbezogene Achtsamkeitsübungen wie der Bodyscan oder die Atembeobachtung haben eine entspannende Wirkung. In der Medizin hat man gesicherte Erkenntnisse darüber, dass die Achtsamkeitsmeditation als ein körperorientiertes Entspannungsverfahren der Gesundheit dient. Durch regelmäßige Meditationspraxis hergestellte Entspannungszustände stärken das Immunsystem und erhöhen die Belastbarkeit des Herz-Kreislauf-Systems. In der Psychotherapie verzeichnet man beachtliche Erfolge durch Achtsamkeitstechniken in der Trauma-Therapie, bei der Behandlung von Depressionen und Angststörungen, Schmerzen und Stress-Symptomen.

Bereits 1979 hat der amerikanische Molekularbiologe

Jon Kabat-Zinn einen achtwöchigen Kurs zur achtsamkeitsbasierten Stressreduktion (MBSR, „Mindfulness-Based-Stress-Reduction") entwickelt, der bis heute äußerst erfolgreich bei Schmerz- und Burnout-Patienten angewendet wird. Nach Jon Kabat-Zinn stressen uns nicht die Situationen selbst, sondern die Art und Weise, wie wir sie wahrnehmen und wie wir auf sie reagieren. Sein Programm will helfen, im Augenblick, im Jetzt zu bleiben. Um den ständig umherwandernden Geist in die Gegenwart zurückzuholen, leitet MBSR an, die eigenen Gedanken, Gefühle und Wertungen absichtslos zu beobachten und anzunehmen, ohne zu werten. Dazu gehören Übungen, die die äußeren Sinne schulen. Das kann die Wahrnehmung der Natur sein oder Übungen, die das Körpergefühl sensibilisieren, aber auch Übungen, die innere Sinne erwecken, um mentale Abläufe deutlicher wahrzunehmen. Ziel des Übens ist es, in allem, was man fühlt oder tut, ganz präsent zu sein.

Obwohl die Achtsamkeitsmeditation ursprünglich aus dem Buddhismus kommt, spielen ihre religiösen Voraussetzungen und Anschauungen in der Psychotherapie keine Rolle. Das MBSR-Konzept Jon Kabat-Zinns sieht die dem Buddhismus entlehnten Übungen lediglich als Therapie und Lebenshilfe und ist an ihrem religiösen Ursprung nicht interessiert. Doch stellt sich die Frage, ob mit den Methoden nicht immer schon weitreichendere Einstellungen und Inhalte transportiert werden, ob also die

Praxis der Achtsamkeit enger mit dem Buddhismus verknüpft ist, als es Kabat-Zinn wahrhaben will. Und daran schließt sich die Frage an: Gibt es auch spezifisch christliche Formen der Achtsamkeit?

Achtsamkeit als Wahrnehmungstraining für den Augenblick ist kein Alleinstellungsmerkmal buddhistischer Geistesschulung. Die Haltung der Offenheit und Aufmerksamkeit, die man mit der Achtsamkeit verbindet, ist auch in der Spiritualität des Judentums und Christentums verbreitet und zieht sich durch die ganze Bibel. An Personen wie Abraham, Mose oder Maria wird gezeigt, wie Menschen sich auf Gott einlassen, für seine Führungen offen sind und gegen alle Widerstände an ihm festhalten. Das Wirken Gottes in dieser Welt bezeichnet Jesus als Reich Gottes, das sich nicht aufdrängt. Um es zu entdecken, braucht man eine bestimmte innere Haltung der Armut und Herzensreinheit, wie er sie in den Seligpreisungen der Bergpredigt (Matthäus 5) entfaltet.

Über Jahrhunderte entstand auch in den christlichen Traditionen eine Vielzahl von Übungswegen der geschulten Aufmerksamkeit für die unsichtbare Gegenwart Gottes. Sowohl in der Ost- wie auch in der Westkirche wurden Gebets-, Meditations- und Kontemplationstechniken entwickelt und kultiviert, aus denen unterschiedliche Anleitungen zur Gottesbegegnung wie das Herzensgebet, die ignatianischen Exerzitien oder das betrachtende Gebet entstanden sind. Diese Übungen haben meistens die Bibel oder geistliche Schriften zum Gegenstand der Betrachtung und suchen in der achtsamen, geistlichen Lesung (Lectio Divina) und Meditation eine Vorbereitung auf die letztlich unverfügbare Begegnung mit Gott.

Die Bibel, aber auch die Geschichte der Kirche, ist voller Beispiele, wie die Natur für Menschen zum Offenbarungsort Gottes wird. Der biblische Gott scheint geradezu eine Vorliebe dafür zu haben, Menschen in der Natur zu begegnen. Berge, Flüsse, Wüsten werden zu heiligen Orten der Begegnung Gottes mit seinem Volk. Jesus erklärt die Geheimnisse des Reiches Gottes anhand von Gleichnissen, die er beim Wandern und Pilgern durch die Landschaft seinen Jüngern vor Augen führt. Dabei lehrt er sie den kontemplativen Blick auf die Wirklichkeit in der Haltung der Achtsamkeit für die verborgene Gegenwart Gottes in der Natur.

Fassen wir noch einmal zusammen: Der Schlüssel zu einem bewussten Leben ist die Achtsamkeit. In der Übung der Achtsamkeit kann man lernen, in jedem Augenblick ganz gegenwärtig zu sein. Und diese Achtsamkeit hilft, mit den Wundern des Lebens in Berührung zu kommen, die ausschließlich im Hier und Jetzt zugänglich sind. Achtsamkeit hilft uns, nicht von der Zukunft aufgesogen zu werden oder uns in der Vergangenheit zu verlieren.

Viele von uns sind gefangen in Leiden, Trauer und Reue über Dinge, die in der Vergangenheit passiert sind, viele verlieren sich in Unsicherheit und Ängsten bezüglich der Zukunft. Und nicht sehr viele von uns sind in der Lage, wirklich und sicher im Hier und Jetzt, im gegenwärtigen Augenblick zu leben. Doch machen wir uns bewusst: Die Vergangenheit ist bereits vergangen, und die Zukunft hat noch nicht begonnen. Das heißt: Es gibt nur einen einzigen Augenblick, in dem man wirklich vollständig sein kann – und das ist immer der gegenwärtige Augenblick.

Der vietnamesische buddhistische Mönch und Zen-Meister Thich Nhat Hanh, der vor allem den Weg der Achtsamkeit lehrt, sagt: „Du hast eine Verabredung mit dem Leben – und diese Verabredung ist im gegenwärtigen Augenblick. Wenn du diesen Augenblick verpasst, dann verpasst du deine Verabredung mit dem Leben." Es ist eine wichtige und wesentliche geistliche Übung, aus der Zerstreuung immer wieder ins Hier und Jetzt zurückzukehren und das Leben im gegenwärtigen Augenblick tief zu berühren bzw. sich von ihm berühren zu lassen. Der deutsche Dramatiker und Lyriker Andreas Gryphius hat das so formuliert: „Mein sind die Jahre nicht, die mir die Zeit genommen. Mein sind die Jahre nicht, die etwa mögen kommen. Der Augenblick ist mein und nehm ich den in acht, so ist der mein, der Zeit und Ewigkeit gemacht."

Sehnsucht

Doch die uralten schicksalshaften Bande
zwischen Mensch und Natur,
Zivilisation und Wildnis,
zwischen innerer und äußerer Natur
bestehen immer noch,
und wir alle tragen in uns die Sehnsucht nach Wildnis,
nach reiner unverfälschter Natur,
nach einem Platz weit weg
von den Zwängen der Gesellschaft.[10]

SUSANNE FISCHER-RIZZI

Viele Menschen spüren in sich eine große Sehnsucht nach ursprünglichen Erfahrungen in der Natur. Aus der Enge ihrer Lebens- und Arbeitswelt herauszugehen und in die Natur einzutauchen, dort aufzuatmen und frei zu sein, das ist die Sehnsucht, die viele immer wieder aus ihrem Alltag aufbrechen lässt. Sie suchen in der Natur eine Gegenwelt zum Alltag, in der sie auf andere Atmosphären treffen und ein anderer Mensch sein können. Es gibt eine große Sehnsucht nach dem Ursprünglichen, Unverfälschten, Wilden in der Natur, in dem man in Kontakt zu seinen eigenen Wurzeln kommen kann.

Dabei gibt es bei uns kaum noch unberührte Natur. Die Ur-Wälder verschwanden schon vor Jahrhunderten durch menschliche Eingriffe. Die Natur ist gezähmt. Unser Wald in Mitteleuropa ist als Wirtschaftswald angelegt, oft ausschließlich nach menschlichen Interessen gepflanzt. Auch wenn das Bemühen der Forstwirtschaft nach naturnaher Bewirtschaftung zunimmt, bleibt unser Wald vor allem durch wirtschaftliche Nutzung und durch erhebliche menschliche Eingriffe bestimmt. Das betrifft auch die Landschaften, in denen wir in Mitteleuropa leben. Die weitläufigen Küsten, Mittelgebirge und Berge sind seit Jahrhunderten als Kulturlandschaft gestaltet, in der kaum noch Ursprüngliches zu finden ist. Doch die Sehnsucht vieler, die in die Natur aufbrechen, richtet sich genau darauf. So suchen viele nach Inseln des Ursprünglichen und Unberührten in einer zersiedelten Landschaft, die nur noch wenig ursprüngliche Natur bereithält. So wird die Natur zum Sehnsuchtsort, oft auch zur Projektionsfläche auf der Suche nach den eigenen Wurzeln.

Um solche Erfahrungen zu machen, ist in der Regel ein Ortswechsel nötig. Wir müssen aus einer von Arbeit und Sorge um das alltägliche Leben bestimmten Welt herausgehen, um in die andere Welt der Natur hineinzugehen. Indem wir aus unserer Alltagswelt herausgehen, können wir uns für eine gewisse Zeit den Anforderungen dieser

Welt entziehen, uns ihr fremd machen und ihre Ansprüche an uns zurückweisen. Das Wort „Weltfremdheit" hat in unserer Gesellschaft einen eher negativen Klang und Beigeschmack, mit ihm verbindet man weithin eine Flucht vor dem Leben. Eine Weltfremdheit aber, in der wir uns zeitweise bewusst der Welt fremd machen und in die Natur gehen, ist eine Haltung, die uns vor Überforderung und Burnout schützen kann.

Die Sehnsüchte, die einen in Bewegung bringen und zum Aufbruch motivieren, sind vielfältig: die Suche nach Freiheit und Abenteuer, die in einem minutiös durchorganisierten Alltag kaum noch erfahrbar sind. Die Sehnsucht nach einem einfachen Leben. Der Versuch, mit weniger auszukommen als Reaktion auf das Leben in einer Konsum- und Überflussgesellschaft. Die Sehnsucht nach Bewegung: den eigenen Leib, körperliche Grenzen zu spüren und unter gewissen Umständen zu überschreiten. Die Sehnsucht nach dem Elementaren: Sonne, Wind und Regen auf der eigenen Haut zu spüren. Viele von psychologischen und therapeutischen Modellen beeinflusste Zeitgenossen hoffen, sich in der Natur selbst zu finden. Weil sie in den Sinnangeboten von Arbeit, Eventtourismus und Konsum keine Befriedigung finden und sich leer, hohl und ausgebrannt fühlen, suchen sie in der Natur identitätsstiftende Erfahrungen. Hier können Defizite des Alltagslebens kompensiert werden. Hinzu kommt, dass die zunehmende Komplexität und Kommerzialisierung des Lebens und damit verbundene gestiegene Erwartung an die Menschen, mit Technik und Medien adäquat umzugehen, oft als Überforderung erlebt wird und droht, Menschen aus dem Gleichgewicht zu bringen. Daraus entsteht bei vielen eine Sehnsucht nach Reduktion, Entschleunigung, Ursprünglichkeit, nach Relaxen, Wellness, Natur, Landschaft usw. Viele warten sehnsüchtig darauf, nach dem Feierabend die Wander- oder Joggingschuhe zu schnüren und wenigstens für ein bis zwei Stunden in die Natur aufzubrechen, um dort ein anderer bzw. eine andere zu sein.

Manche sind durch die vielfältigen Anforderungen und Überforderungen im Alltag krank an Leib und Seele geworden und suchen nach Orten und Zeiten, in denen sie wieder aufatmen können. Eigentlich ahnen und wissen wir es ja: Heilung erfährt man selten an dem Ort, wo Arbeit und gestörte Beziehungen Leib und Seele entkräftet und verwundet haben. Heilung braucht den Ortswechsel. Um Heilung zu finden, muss man herausgehen aus den krank machenden Verhältnissen. Das weiß derjenige, der eine Kur beantragt. Das weiß der Urlauber und diejenige, die in die Natur aufbricht.

Um Heilung zu erfahren, muss man Orte der Kraft aufsuchen, wo man nicht nur sich selbst, sondern den heilenden Kräften des Lebens, ja dem Heiligen selbst begegnet und dadurch erneuert und verändert wieder zurückkehren kann.

Es gibt also viele Gründe, in die „Ander- oder Gegenwelt Natur“ aufzubrechen und dort für sich eine heilsame Unterbrechung der Alltagswelt zu suchen und zu gestalten. Aber der Aufbruch wird nur gelingen, wenn die Sehnsucht als treibende Kraft groß genug ist.

Heilsame Unterbrechung

Und nach sechs Tagen nahm Jesus mit sich
Petrus und Jakobus und Johannes
und führte sie allein auf einen hohen Berg.
Und er wurde verklärt vor ihnen.

MATTHÄUS 17,1

Weil für viele Zeitgenossen die Anforderungen des Alltags in Beruf und Familie sehr hoch, die Arbeitsabläufe so umfangreich und die Zeittakte so eng sind, gelingen wirklich heilsame Unterbrechungen am Anfang nur selten. Die ständige Geschäftigkeit und Beschleunigung von Abläufen bergen die Gefahr, von den eigentlichen Lebenszielen abzulenken. Heilsame Unterbrechungen können die spirituelle Dimension des Lebens erweitern und zu mehr Klarheit der eigenen Gedanken, Ziele und Werte verhelfen – gerade bei viel beschäftigten Leuten. Die Schwierigkeit besteht darin, lange genug still zu sein, um die daraus erwachsende Kraft zu spüren. Dafür muss man die Auszeiten planen und fest in seinen Alltag einbauen. Als Belohnung erhält man größere Gelassenheit und mehr Freude im Leben.

Wer oder was unterbricht uns in unserer Überforderung, Arbeitswut oder Sorge um die alltäglichen Dinge? Wir brauchen Signale oder Einladungen von außen, die uns helfen, eine Pause zu machen, uns selbst zu unterbrechen.

Unterbrechungen sind ein heilsames Mittel gegen Stress und Unzufriedenheit im Leben. Vieles spricht dafür, regelmäßig Pausen zu machen: für einen Augenblick, einen Tag, einen Monat oder mehr. Was tut man in diesen Pausen? Ziel ist es, innezuhalten, runterzukommen, aufzuatmen und zu sich selbst zu kommen. Doch wie kann uns das gelingen? Sicher nicht so, dass wir unser Alltagsstressprogramm einfach in die Freizeit mitnehmen und in der gleichen Anstrengung, wie wir gearbeitet haben, uns nun in frischer Luft bewegen und Sport treiben. Damit es zu einer wirklichen und heilsamen Unterbrechung kommt, braucht es Rituale und Übungen, die uns helfen, in einen neuen Modus zu kommen. Wir schaffen zunächst eine Zäsur, überschreiten bewusst eine Schwelle und tauchen ein in eine andere Wirklichkeit. Wir richten unsere Aufmerksamkeit auf den Atem, gehen zweckfrei spazieren, ohne Ziel, sitzen herum, gucken in die Ferne, trinken einen Schluck Wasser oder werden einfach still.

Was so einfach klingt, kostet freilich Überwindung.

Schließlich ist reines Nichtstun in unserer Kultur als Müßiggang oder Faulenzen verpönt. Einige fühlen sich sogar schuldig, wenn sie nicht irgendetwas tun. Aber: Nichtstun ist erst einmal alles andere als Zeitverschwendung und hat nichts mit Faulheit zu tun. Im Gegenteil: Es kann die kostbarste Zeit in unserem Leben sein.

Doch der Bewegungsdrang veranlasst viele zu Freizeit*aktivitäten*, in denen der Wald zum Aktionsraum, die Berge zum Fitnessparcours werden. Man rückt der Natur mit klappernden Walkingstöcken und rasanten Mountainbikes auf den Pelz und benutzt sie als Arena des eigenen Selbstoptimierungswahns und bleibt dabei von ihr seltsam unberührt. Wie gelingt es, uns wirklich auf die Natur einzulassen und im intensiven Kontakt mit ihr Anteil an ihren heilsamen Kräften zu bekommen? Das ist eine Frage, die dieses Buch durchzieht und den gemeinsamen Erfahrungsweg bestimmt.

So viel kann man an dieser Stelle schon sagen: Nicht die Aktivitäten und sportlichen Ambitionen sollten die heilsamen Unterbrechungen im Sehnsuchtsraum Natur bestimmen, sondern vielmehr die Haltung der Absichtslosigkeit, Zweckfreiheit, Achtsamkeit und Gelassenheit.

In heilsamen Unterbrechungen des Alltags kann es auch zu Begegnungen und Erfahrungen mit Gott bzw. dem Heiligen kommen. Solche Erfahrungen sind nicht planbar, nicht verfügbar, aber es darf mit ihnen gerechnet werden, ja, mehr noch: Man sollte sich darauf einstellen.

Der Alltag, unsere Arbeit und Freizeit, ist gekennzeichnet durch die Erfahrung der schnell verrinnenden Zeit, die uns mitnimmt wie ein reißender Fluss. Die alten Griechen nannten diese Zeit *chronos*. Es ist die vergehende, messbare und in Abschnitte aufgeteilte, linear verlaufende Zeit, die man etwa in einer Chronik beschreiben und festhalten kann. Eine heilsame Unterbrechung der dahinströmenden, uns mit sich reißenden Zeit, die uns geschenkt wird, oder die wir selbst bewusst einbauen, kann zur qualifizierten, heiligen Zeit werden (*kairos*).

Viele biblische Geschichten berichten davon, wie sich Berufungen, Erleuchtungen, Konversionen in Unterbrechungen des Alltags ereignen und wie Menschen, vom Heiligen erfasst, bis in ihre Leiblichkeit hinein verwandelt werden. Meistens setzen diese besonderen spirituellen Erfahrungen einen Ortswechsel voraus. Manchmal ist es ein Berg, oft die Einsamkeit der Wüste, seltener ein Tempel, die zu Offenbarungs- und Begegnungsorten mit dem Heiligen werden.

Mose hütet die Schafe seines Schwiegervaters und wird durch eine sonderbare Naturerscheinung, einen Dornbusch, der brennt, aber doch nicht verbrennt, in die Wüste gelockt. Aus dem brennenden Busch hört er eine Stimme: „Zieh deine Schuhe aus, denn der Boden, auf dem du stehst, ist heilig." Der brennende Dornbusch wird für ihn zum heiligen Ort, an dem er die entscheidende Berufung für sein Leben erfährt (2. Mose 3).

Drei Jünger werden von Jesus beiseitegenommen und auf einen einsamen Berg geführt. In einem gleißenden Licht erscheint er ihnen als der verklärte Christus, der sie seiner Gegenwart versichern und ihren Glauben stärken will, wenn es jetzt auf den Weg nach Jerusalem, in den Tod geht (Matthäus 17,1–9).

Für eine kurze Zeit, einen Augenblick, werden Menschen für eine besondere Erfahrung aus dem Alltag genommen, danach werden sie in der Regel wieder zurückgeschickt, vielleicht an einen anderen Ort und mit einer neuen Aufgabe betraut. Danach ist der Alltag der Raum, in dem sich die Berufung und Konversion zu bewähren hat und zu gestalten ist. Oft wird er vor dem Hintergrund der neuen Erfahrung in einem anderen Licht gesehen, und die Alltagserfahrungen können nun anders gedeutet und verarbeitet werden.

Aufbruch

Es wird ein Tag werden, den ich wie in Zeitlupe lebe.
Ich gehe und freue mich, dass ich gehen darf.

BRUNO DÖRIG

Der Aufbruch in die Natur, und sei es nur für ein paar Stunden, braucht einen festen Willen und kostet manchmal viel Kraft. Mit der Überwindung der eigenen Trägheit, des sogenannten „inneren Schweinehundes“, ist vor allem eine mentale Energieleistung gefordert. Um sich diesen Freiraum zu gönnen, den Aufbruch zu wagen und vorzubereiten, braucht es eine bewusste Entscheidung und eine gewisse Vorbereitung.

Trotz der Mühen, die mit dem Aufbruch verbunden sind, liegt auch etwas Freudig-Beschwingtes im Aufbrechen, etwas Erwartungsvolles, wenn wir unserer Sehnsucht folgen. Nicht nur ich breche auf, sondern etwas kann in mir aufbrechen, was sich verhärtet hat und festgefahren ist: eine Gewohnheit, eine fixe Idee, eine Langeweile. Was wirklich lebt, bricht durch wie der Löwenzahn durch den Asphalt.

„Schenk dir einen Wüstentag" so heißt ein kleines Heft von Bruno Dörig aus dem Verlag am Eschbach aus dem Jahr 1984, das leider vergriffen ist. Es ist eine Anleitung für einen Besinnungstag in der Natur. Manchmal wird so ein Tag auch Oasentag genannt. Das ist dann eine etwas andere Perspektive: Der Alltag erscheint als Wüste, in dem es erholsame Orte – Oasen – zu entdecken gibt. Aber Besinnungstage, Auszeiten in der Natur, so sehr sie mit Freude und großer Erwartung geplant und angestrebt werden, verlaufen nicht nur beglückend und harmonisch. Man begegnet in ihnen nicht nur einer landschaftlichen Idylle, sondern in der Stille auch sich selbst. Und das ist nicht nur erbaulich. Deshalb ist die Wüste vielleicht ein angemesseneres Bild für die Erfahrungen, die man dort machen kann. Also: „Schenk dir einen Wüstentag" – ist unser Motto und Thema. Doch schauen wir genauer hin, was in der Wüste passieren kann.

Die Wüste ist ein ambivalenter Ort. Man assoziiert zunächst Trockenheit, Durst und Bedrohungen aller Art. Sie steht aber auch für Klarheit und tief beglückende und befreiende Erlebnisse. Sie ist ein Ort der Lebenserneuerung. In der Eintönigkeit und Kargheit dieser Landschaftsform kommt der Mensch zur Besinnung und Sammlung. Und sie ist ein Ort der Gottesbegegnung. Immer mehr Menschen sehnen sich nach Orten und Zeiten der Ruhe und Stille, um in ihrem Leben wieder Kraft und Orientierung zu finden. Sie verlassen für eine Zeit den Alltag, gehen in die Stille eines Klosters, machen sich als Pilger auf den Weg, gehen hinaus in die Natur. Freiwillig suchen sie diese Orte auf. Wer auf der Suche nach sich selbst, nach Orientierung, nach Gott diese Mühen auf sich nimmt, wird zunächst mit sich selbst und der Realität des Lebens konfrontiert. Die Wüste kennt kein Erbarmen. Wer sich in ihr hochmütig und leichtsinnig bewegt, kann darin umkommen. Die Hitze des Tages und die Kälte der Nacht, die Trockenheit und Kargheit des Lebens fordern ein angemessenes Verhalten. Die Wüste widersteht den Hochmütigen, aber den Demütigen gibt sie Gnade und offenbart ihnen ihr Geheimnis. Um sich in ihren Weiten und Abgründen nicht zu verirren, braucht man manchmal einen Kundigen, der sich ein wenig auskennt und einem hilft, in den Gefahren zu bestehen und wieder herauszufinden.

Warum gehen Menschen freiwillig an diesen Ort? Was zieht sie da so magisch an? Die Reduktion auf Weniges und Wesentliches fasziniert. Einsamkeit und Stille bieten ideale Voraussetzungen, um selber leer zu werden. Hier hat das Leise eine Chance gehört, das Verborgene eine Chance entdeckt und das Verworrene eine Chance, geklärt zu werden. In der Wüste werden Menschen von Gott gerufen und zu neuen Aufgaben berufen und befähigt. Und so kehrt mancher gereinigt, geläutert und beglückt aus der Wüste in seinen Alltag zurück.

Wenn du nicht in die Wüste gehen kannst, bring ein wenig Wüste in dein Leben. Verlass von Zeit zu Zeit die

Menschen, suche Einsamkeit, um im Schweigen und Gebet deine Seele zu erneuern. Das ist unentbehrlich. Mach dich eine Zeit lang der Welt fremd. Lass nicht zu, dass die Hetze und Unruhe ständig nach dir greifen und du außer Atem gerätst. Aber die Wüste ist nicht der endgültige Ort. Sie ist eine Zwischenstation, ein Brückenort zwischen zwei Welten. Der Alltag ist der eigentliche Ort der Bewährung, und dorthin gilt es am Ende zurückzukehren.

ÜBUNG:

Schenk dir einen Wüstentag

Vorbereitungen:

Ich wähle einen Tag, an dem ich mich von Terminen und Verpflichtungen freimachen kann, und trage ihn als festen Termin in meinen Kalender ein. Ein Wüstentag braucht keine große Vorbereitung, wohl aber den entschiedenen Willen zur Durchführung. Es soll *mein* Tag werden, deshalb gehe ich auch *allein*. Wenn ich nicht direkt von zu Hause aus aufbrechen möchte, überlege ich einen Ort, von dem aus ich starten will. Vielleicht habe ich eine Richtung oder Wegstrecke im Kopf, die ich gehen will. Ich lege aber kein Ziel und keine Uhrzeit für die Rückkehr (zum Beispiel mit dem Bus oder Auto) fest. Das begrenzt und bedeutet möglicherweise Stress. Am Vorabend lege ich ein paar Dinge bereit und packe meinen Rucksack:

- Verpflegung: etwas Brot, Käse, Obst, Wasser ...
- Stifte und Papier, eventuell mein Tagebuch, vielleicht eine Bibel oder ein geistliches Buch
- feste Schuhe, Sonnen- und/oder Regenschutz
- eine Matte oder Plane zum Hinlegen
- evtl. Kartenmaterial zur Orientierung

Durchführung:

„Am Morgen breche ich auf, ganz gleich wie das Wetter ist. Ich verlasse meinen Wohnort und gehe über Land. Ohne festes Ziel, das ich erreichen muss. Ich habe nicht vor, eine Wanderung zu unternehmen, um mich körperlich zu ertüchtigen. Es wird ein Tag werden, den ich wie in Zeitlupe lebe. Ich gehe und freue mich, dass ich gehen darf ... Ich atme und atme auf und atme tief durch ... Es wird nichts Außergewöhnliches geschehen, ich besuche keine Sehenswürdigkeit, aber ich bin dankbar, dass ich Augen habe, die sehen können, und Hände und Füße, die tasten und fühlen! Die einfachen Dinge des Lebens, das, was mich zum Menschen macht, soll heute ins Bewusstsein kommen: der aufrechte Gang, das Nachdenken und Mitfühlen, die Gelassenheit, das Lächelnkönnen und Verweilen. Ob ich das nötige Maß an Langsamkeit aufbringe? Ich will es versuchen. Für ein paar Stunden bin ich weg von Menschen, bin bei mir selbst zu Gast ... um wieder ein ganzer Mit-Mensch zu sein.“[11]

Und dann kann es geschehen, dass ich einem inneren Impuls folgend mich schon bald unter einem Baum oder auf einer Bank niederlasse und dort eine Zeit verweile. Immer wieder achtsam, den Augenblick spürend und in der Beobachtung des Atems in der Gegenwart verweilend. Das Essen kann zum Genuss werden und meinem Körper guttun, wenn alle meine Sinne dabei aktiv werden. Dabei können sich alle Geschmacksnerven entfalten. Es kann aber auch sein, dass ich den ganzen Tag gehe und gehe, nicht um ein Ziel zu erreichen, sondern um des Gehens willen. Auch hier bin ich achtsam für das, was mir begegnet. Vielleicht habe ich dabei das Gefühl, dass ich nicht einfach einem vorgegebenen Weg folge, sondern dass der Weg beim Gehen entsteht.

Im Laufe des Tages kann ich die eine oder andere der Übungen aus diesem Buch machen, die mir helfen wollen, aufzuatmen, ganz in die Natur einzutauchen, in ihr anzukommen und ihre Kräfte zu spüren. Aber bitte keinen Aktionismus oder Leistungsdruck entstehen lassen. Vielleicht nehme ich auch einen Bibeltext oder einen Abschnitt aus einem geistlichen Buch zur Hand und lasse mir ein Wort oder einen Gedanken schenken, das bzw. der mich durch den Tag begleitet. Irgendwann ist die Zeit gekommen, sich auf den Heimweg zu machen. Vielleicht überlege ich mir, wem ich etwas von den Erfahrungen dieses Tages erzählen möchte …

Auf der Schwelle

Man setzt uns auf die Schwelle,
wir wissen nicht woher.
Da glüht der Morgen helle,
hinaus verlangt uns sehr.

JOSEPH VON EICHENDORFF (1788–1857)

Mit dem beschriebenen Aufbruch und Ortswechsel ist bereits ein entscheidender Schritt hin zur Natur getan, hat ein Prozess der Trennung und Distanzierung vom Alltag begonnen, der in einen Schwellenraum führt, in dem man die vom Alltag bestimmten Haltungen und Stimmungen langsam loslassen und sich auf das Neue einstellen kann. Rituale helfen ganz entscheidend, sich Übergänge von einem Ortsraum oder Zeitraum in den anderen bewusst zu machen und zu gestalten. Auch wenn man das nicht immer so differenziert erlebt, so haben Übergangsrituale verschiedene Phasen, die nacheinander ablaufen. Es beginnt in der Regel mit einer Phase der Trennung und Distanzierung vom Alten. Danach tritt man in einen Schwellenraum, der von Unsicherheit und Ungewissheit geprägt ist, weil das Neue noch nicht wahrnehmbar und greifbar ist. In ihm kommt es idealerweise zu einem Mentalitätswechsel. Aus der Zerstreutheit und Vielfalt des Alltags kann es zu einer Konzentration und Einfalt in der Wahrnehmung und im Verhalten kommen. Es folgt eine Angleichungsphase, wo einem die Atmosphäre des neuen Orts- und Zeitraums bewusst wird und man langsam auch die wohltuenden Wirkungen des Neuen wahrnehmen kann. Vom flüchtigen Blick auf die Dinge kann man zum genaueren längeren Hinschauen kommen. Dabei geschieht eine Entschleunigung, die es einem ermöglicht, in einen neuen Zeitrhythmus zu kommen.

Auf der Schwelle kann nun ein Gebet gesprochen werden, das als Körpergebet mit seinen Gesten und Bewegungen Leib und Geist öffnet für die Wahrnehmung des Göttlichen im Raum der Natur. Es ist zugleich eine ganzheitliche Präparation des Leibes und Geistes, die der Geist Gottes nun selbst ergreifen und durchdringen soll.

ÜBUNG:

Schwellenritual

Vorbereitung:
Suchen Sie sich einen ruhigen Platz am Rande einer Ortschaft, zum Beispiel am Feld- oder Waldrand. Zur körperlichen und geistigen Vorbereitung hilft eine kleine Lockerungsübung im Stehen: Schütteln Sie zunächst die Hände aus den Handgelenken, dann zusätzlich noch die Arme aus den Schultergelenken und schließlich wippen Sie gleichzeitig in den Knien. So können Sie Körper und Geist lockern und sich vorstellen, dass jetzt etwas abfallen kann, was verspannt ist und belastet. Danach streifen Sie die Arme und den ganzen Körper ab und hauchen Sie stoßweise den verbrauchten Atem aus.

Will man das Körpergebet mit einer Gruppe beten, dann empfiehlt es sich, dass die Teilnehmer und Teilnehmerinnen beim ersten Mal nur zuschauen und beim zweiten Mal die Bewegungen mit vollziehen. Die Worte spricht jeweils nur der oder die Anleitende.

Durchführung:

KÖRPERGEBET	BEWEGUNGEN/GESTEN
„Geist des lebendigen Gottes,	Die Arme hängen locker und werden nun in einer Kreisbewegung nach oben geführt.
erfrische mich wie der Tau am Morgen.	Die Hände werden von oben vor der Brust nach unten geführt.
Öffne mich,	Die vor dem Bauch zusammengelegten Hände werden in einer öffnenden Bewegung zur Seite geführt.
fülle mich,	Die Arme werden trichterförmig zum Himmel hin ausgestreckt und geöffnet.
forme mich.	Die Hände werden vor dem Bauch übereinandergelegt und formend hin- und herbewegt.
Hier bin ich.	Die Hände werden wie eine offene Schale vor dem Bauch ineinandergelegt.
Amen."	(nach Heidemarie Langer)

Direkt im Anschluss an das Gebet überschreiten Sie ganz bewusst eine zuvor auf dem Boden markierte Schwelle (zum Beispiel eine gezogene Linie oder einen Ast) und gehen den weiteren Weg in der inneren Haltung der Achtsamkeit und im Schweigen.

Anderort

Zieh deine Schuhe von deinen Füßen;
denn der Ort, darauf du stehst, ist heiliges Land!

2. MOSE 3,5

Wir haben die Natur bisher als Ander- oder Gegenwelt zum Alltag bezeichnet. Als Sehnsuchtsort hat sie gerade in ihrem Gegensatz zum Alltag ihre Attraktivität. Denn in ihr herrschen andere Atmosphären und sind andere Verhaltensweisen möglich. Der Philosoph Michel Foucault hat dafür den Begriff „Heterotopie" geprägt. Er meint damit Orte, die anders und vom Alltag unterschieden sind und in denen besondere und eigene Atmosphären und Gesetze herrschen. Er denkt da zunächst an Gefängnisse, Bordelle, Kinos und anderes, die für die Gesellschaft auch als Illusions- und Kompensationsräume fungieren. Heterotopien bieten durch ihr Anderssein die Möglichkeit zur Reflexion und Problematisierung gegebener Normen und zum Widerspruch. Ihr Betreten und Verlassen ist oft an bestimmte Ein- und Ausgangsrituale geknüpft. Diese Rituale können in komplexen Reinigungsritualen bestehen, wie bei japanischen Teehäusern, oder von relativ profaner Natur sein, wie das Entrichten eines Eintrittsgeldes im Kino.

Auch die Natur ist meines Erachtens so ein „Anderort“. In unseren Breitengraden ist die Natur, wie etwa der Wald, glücklicherweise kein Reservat mit festen Öffnungs- und Schließzeiten. In der Regel ist er zu jeder Zeit für jedermann frei zugänglich zum Wandern, für Freizeitgestaltung und Rekreation. Wer sich ein wenig aufmerksam und sensibel in ihm bewegt, wird schnell seine andere, sich vom Alltag unterscheidende Atmosphäre spüren. Und doch ist der Grad des Eintauchens in seine besondere Aura sehr unterschiedlich. Der eine betrachtet den Wald als Kulisse und Arena für seine sportlichen Aktivitäten. Die andere bewegt sich in ihm mit Achtsamkeit und Ehrfurcht und spürt die Verbundenheit mit allem Lebendigen. Und wieder andere erleben ihn als heiligen Raum, machen dort transzendente Erfahrungen und erkennen in ihm Spuren Gottes.

Oft laufen wir wie mit Scheuklappen durch die Natur. Anstatt unsere Sinne für die Wunder und Geheimnisse weit zu öffnen, grübeln wir in Gedanken über Vergangenes, das wir so und so nicht mehr verändern können. Oder wir nehmen Zukünftiges, auf das wir keinen Einfluss haben, sorgenvoll vorweg. Das Leben scheint immer woanders stattzufinden, nur nicht da, wo wir gerade sind.

Wie aber gelingt es uns, im gegenwärtigen Augenblick

anzukommen, wo unser Leben tatsächlich geschieht? In der Meditationsbewegung der letzten Jahrzehnte hat sich eine Achtsamkeitspraxis entfaltet, die, von buddhistischer Geistesschulung herkommend, auch in christlichen Kontexten immer mehr geübt wird. In Atembeobachtungen, Körper- und Geistesübungen richten die Meditierenden ihre Aufmerksamkeit nach innen, nehmen ihre Gedanken und Gefühle wahr, um sie dann auch wieder loszulassen. Ziel ist es, das zerstreute Bewusstsein zu sammeln, ganz wach und präsent zu werden und dadurch das Leben intensiv und unmittelbar wahrnehmen zu können.

Der Molekularbiologe Jon Kabat-Zinn hat daraus die Methode der „Stressbewältigung durch Achtsamkeit" entwickelt, die dem Stressabbau und der inneren Sammlung dienen soll. Mit Übungen der Achtsamkeit kommen wir wieder in Kontakt mit uns selbst, unseren Gefühlen, Gedanken, Körperempfindungen und der Welt um uns herum. Ziel ist es, die Trennung und Entfremdung, die uns oft krank machen, aufzuheben und die Verbundenheit mit allem zu spüren.

Unterwegs

Ich setze den Fuß voller Achtsamkeit auf die Erde,
im Wissen, dass ich auf einer wunderbaren Erde gehe.

THICH NHAT HANH

Ist der Aufbruch gelungen und haben wir es wirklich geschafft, über die Schwelle in den Raum der Natur einzutreten, so ist eine hohe Hürde genommen. Denn der Aufbruch ist bei jeder Expedition in die Natur, und sei es nur ein kleiner Spaziergang, immer das Schwierigste. Sind wir nun in die Bewegung gekommen, so können wir jetzt wahrnehmen, was diese mit uns macht.

Ob wir spazierengehend, wandernd, walkend, joggend oder pilgernd unterwegs sind, immer kann das Zufußgehen zu einer genussvollen Erfahrung werden. Wir erleben es als körperlichen und geistigen Genuss, der Freude, Gelassenheit und Leichtigkeit mit sich bringt. Manchen körperlichen Beeinträchtigungen und Schmerzen sowie seelischen Belastungen kann man im Gehen geradezu davongehen. Man kann die Zeit vergessen, in der Bewegung des Gehens bzw. Laufens völlig aufgehen und in Bewusstseinszustände geraten, die man als „Flow"-Erlebnisse bezeichnet. Das Gehen und Laufen kann nun zur Erfahrung der „Auflockerung" und „Verflüssigung" von Denken und Fühlen werden und damit zur Startbahn in höhere Regionen des Erlebens. Die Pforten der Wahrnehmung öffnen sich, und man kann beispielsweise beim Joggen in einen Bewusstseinszustand geraten, der weiter und größer ist als der alltägliche.

Man kann jetzt Phasen großer Durchlässigkeit für Reize, Empfindungen und Ereignisse erleben, die von außen einströmen, und Phasen völliger Geistesgegenwart, in denen sich die ganze Aufmerksamkeit auf den nächsten Schritt fokussiert. Am deutlichsten ist dies zu erleben im meditativen langsamen Gehen, wie es zum Beispiel beim Kinhin in der buddhistischen Zen-Meditation geübt wird. Sie ist eine extrem verlangsamte Form des Gehens, bei der es darauf ankommt, in aufrechter Haltung den Kontakt der Füße mit dem Boden achtsam wahrzunehmen. Die so Gehende wird auch durchlässig, feinfühlig und hellhörig für die Bewegungen ihres Körpers.

ACHTSAMKEITSÜBUNG:

Meditatives Gehen

Bevor wir die Aufmerksamkeit auf das Gehen richten, ist es sinnvoll, die Achtsamkeit auf uns selbst und die eigene Befindlichkeit zu richten. Gehen Sie zunächst im normalen Tempo und nehmen wahr, was Ihnen gerade durch den Kopf geht, was Sie denken und fühlen. Schritt für Schritt entfernen Sie sich vom Alltag und seinen Belastungen, so dass Sie ihm sozusagen davongehen. Nehmen Sie sich dafür mindestens 15 Minuten Zeit.

Reflexionsfragen zur Selbstwahrnehmung beim Gehen:

- Wie geht es mir jetzt in diesem Moment?
- Welche Gedanken gehen mir gerade durch den Kopf?
- Welche Körperempfindungen nehme ich wahr?
- Welche Gefühle kann ich spüren?
- Was lasse ich jetzt bewusst hinter mir?
- Wovon möchte ich mich auch innerlich entfernen?

Entschleunigtes Gehen:

- Bleiben Sie nun stehen und nehmen Sie einen guten Stand ein. (Tipp: Wenn Sie barfuß gehen, können Sie den Kontakt zum Boden intensiver wahrnehmen.)
- Spüren Sie die Füße im Kontakt zum Boden und wie die Füße das ganze Gewicht Ihres Körpers tragen und zum Boden hin abgeben.
- Nehmen Sie Ihren Atem wahr, wie er sanft in Ihren Körper ein- und ausströmt.
- Und nun setzen Sie behutsam im Zeitlupentempo einen Schritt vor den anderen. Spüren Sie dabei den unterschiedlichen Bodenbelag: Wiese, Waldboden, steiniger Weg ...?
- Nehmen Sie wahr, wie Sie den Fuß anheben, vorschieben und wieder aufsetzen. Spüren Sie, wie die Fußsohlen den Boden berühren und wie die Fußballen abrollen, wie sich Ihre Knie beugen und wieder strecken.
- Werden Sie sich der Gewichtsverlagerung von einer Seite auf die andere bewusst und auch des kurzen Moments, in dem das ganze Gewicht nur auf einem Fuß ruht.
- Machen Sie sich bewusst: Mit jedem Schritt, den Sie vorwärtsgehen, kommen Sie immer mehr in der Gegenwart an.
- Beenden Sie die Übung nach etwa 10–15 Minuten.

Erst wenn wir uns unserer Gedanken, Gefühle und unseres Körpers bewusst sind, können wir sie beeinflussen und steuern und sind ihnen nicht einfach nur ausgeliefert. Wir können sie anschauen und auch wieder loslassen, sie kultivieren und ihnen eine positive Ausrichtung geben. Erst wenn wir mit uns selbst im Kontakt sind, können wir auch den Weg nach außen gehen und mit der Natur in Kontakt kommen.

Die Wirkungen des achtsamen Gehens und Laufens in der Natur sind vielfältig und erreichen den Menschen ganzheitlich nach Leib, Seele und Geist.

Beim Pilgern, einer religiösen Art des Unterwegsseins („Beten mit den Füßen"), kommt noch eine zusätzliche Dimension ins Spiel: Zum Pilgern gehören immer auch geistliche Worte, Lieder, Gebete und Rituale, die zusätzlich oder verbunden mit dem Gehen eine spirituelle Wirkung entfalten. Wer zu einer Pilgerwanderung aufbricht, den bewegen meist Hoffnung und Sehnsucht nach Verwandlung oder gar Heilung. In „Verwandlung" steckt das Wort „Wandeln" (nach Grimms Wörterbuch: „eine edlere Art des Ganges") und „sich wandeln" im Sinne von „verwandeln". „Wallen" wiederum, das Grundwort von „Wallfahrt" bezeichnet neben der Bewegung von Ort zu Ort auch die Bewegung des quellenden und sprudelnden Wassers. Offenbar kommt beim Wallfahren etwas in Bewegung und zum Fließen, was zuvor erstarrt und tot war. Was sich die Pilgerin auf dem Weg erhofft, ist die wandelnde und heilende Begegnung mit sich selbst und mit Gott. Sie hofft, gesund bzw. heil zu werden oder zumindest Kraft zu empfangen, um ihr Schicksal zu tragen. Die befreiende und verwandelnde Wirkung einer Pilgerreise scheint in der körperlichen Bewegung und Anstrengung verbunden mit einer intensiven spirituellen Praxis zu liegen.[12]

Waldbaden

Wir baden unseren Leib in dieser unglaublichen Schönheit,
wir tauchen unsere Hände in die schimmernde Buntheit,
wir lassen unsere Augen in diesen Farben und Formen ausruhen.

RALPH WALDO EMERSON

Der Ansatz des Waldbadens stammt aus Japan und wird dort „Shinrin Yoku" genannt, was frei übersetzt so viel bedeutet wie „Eintauchen in die Waldatmosphäre". Hierzulande hat sich der Begriff „Waldbaden" etabliert.

Unter Waldbaden versteht man das bewusste Aufsuchen und Verweilen im Wald mit dem Zweck, sich zu erholen und die eigene Gesundheit zu stärken. Eigentlich ist das nichts spektakulär Neues. Schon Generationen vor uns haben zu gesundheitlich-therapeutischen Zwecken die heilenden Kräfte des Waldes genutzt, Sanatorien gebaut und medizinische Anwendungen in den Wald verlegt. Generationen von Naturliebhaberinnen, Wanderern und Spaziergängerinnen suchten und suchen Erholung in nahe gelegenen Wäldern oder Parks. Was verändert sich dadurch, dass man das jetzt „Waldbaden“ nennt? Eigentlich nichts, so könnte man meinen. Wir wissen aber aus anderen Zusammenhängen, dass, wenn ein Zustand oder eine Tätigkeit einen neuen Namen bekommen, ihnen eine neue Aufmerksamkeit zuteilwird und somit auch eine intensivere Beschäftigung und Wirkung erzielt werden können. Mit dem Wort „Baden“ assoziiert man ein Eintauchen in ein uns ganz umschließendes Element, in dem man sich wohlfühlt, das Wärme und Geborgenheit, aber auch die Freiheit zur Bewegung gibt. Eintauchen in die Waldatmosphäre – eine wohltuende innere Vorstellung, die zweifellos auch positive körperliche Reaktionen freisetzt.

Wer ohnehin gern in den Wald geht, braucht eigentlich keine Beweise, sondern weiß selbst, wie gut ein Waldbesuch Körper, Geist und Seele tut. Dennoch sei an dieser Stelle auf ein paar medizinische Effekte hingewiesen. Waldbaden kann den Stressabbau fördern, das Immunsystem stärken, die Genesung unterstützen, Schlafstörungen mindern, die Konzentration verbessern, Atemprobleme und Lungenkrankheiten lindern, Bluthochdruck und Zuckerwerte absenken, das „Herzschutz-Hormon“ DHEA bilden und sogar potenzielle Krebszellen zerstören.

Verantwortlich für die positiven Effekte des Waldbadens sind in erster Linie die sogenannten Terpene. Das sind Moleküle, die von Bäumen abgesondert werden und die abwehrkräftesteigernd auf unser Immunsystem wirken. Viele der Terpene, die insbesondere von Nadelbäumen ausgeschieden werden, kann man tatsächlich riechen, denn sie sind Bestandteil der herrlich würzigen Waldluft. Aber auch die besondere Waldatmosphäre, die Ruhe in Verbindung mit der sanften Geräuschkulisse und den vielen verschiedenen Grüntönen haben auf die meisten Menschen eine beruhigende Wirkung.

Aber wie badet man denn nun im Wald – einfach so oder mit gezielten Übungen? Zunächst einmal tut jeder Aufenthalt im Wald immer gut, egal ob man wandert, radelt, joggt oder einfach nur dasitzt. Eigentlich muss man nichts Besonderes tun. Einfach auf einer Bank sitzen und entspannt atmen oder durch den Wald schlendern ohne festes Ziel und Leistungsdruck, das ist bereits Waldbaden. Aber man kann sich auch durch gezielte Übungen für die Wirkungen des Waldes öffnen und sie somit intensivieren. Zum Beispiel, indem man durch bewusste Atmung die Aufnahme von Terpenen erhöht oder durch gezielte Übungen den Entspannungszustand vertieft.

ACHTSAMKEITSÜBUNG:

Waldbaden

Vorbereitung:

Suchen Sie sich einen Sie ansprechenden, ungestörten Platz mitten im Wald und nicht auf einer Lichtung oder am Waldrand. Bereiten Sie sich einen Platz am Boden, an dem Sie sich (vielleicht auf einer mitgebrachten Matte) lang ausstrecken können.

Durchführung:

- Legen Sie sich auf den Rücken und schauen Sie in die Baumkronen.
- Schließen Sie die Augen und spüren Sie Ihren Körper im Kontakt zum Boden. Wo hat er am meisten Kontakt, wo gibt er am meisten Gewicht zum Boden hin ab (Hinterkopf, Becken, Fersen ...) und wo hat er keinen Kontakt zum Boden (Hals, Lendenwirbel, Kniekehlen ...).
- Nun lassen Sie das Gewicht ihres Körpers bewusst los und überlassen Sie sich dem Boden. Spüren Sie, wie der Boden Sie trägt. Er trägt Sie verlässlich. Sie können sich ihm anvertrauen.

- Nehmen Sie eine Weile Ihren Atem wahr, wie er kommt und geht. Versuchen Sie, keinen Atemzug zu verpassen. Nehmen Sie die wohltuenden Gerüche und Düfte des Waldes bewusst wahr und atmen Sie diese tief ein.
- Beobachten Sie, wo der Atem Sie bewegt (zum Beispiel am Bauch). Legen Sie dort Ihre Hände aufeinander und lassen Sie den Atem in Ihre Hände fließen. Nehmen Sie wahr, wie die Hände bei jedem Einatmen mit der Bauchdecke leicht gehoben werden und beim Ausatmen sich wieder senken.
- Genießen Sie die Ruhe und dass Sie nichts tun müssen und einfach nur im Augenblick da sein dürfen. Bleiben Sie weiter ganz entspannt.
- Nun sind Sie eingetaucht in die wunderbare Atmosphäre des Waldes. Genießen Sie diese wie ein Wannenbad.
- Bleiben Sie entspannt liegen, solange es für Sie angenehm ist. Erlauben und gönnen Sie sich diese Zeit.

Die Wirkungen des Waldbadens erhöhen sich natürlich mit der Dauer des Aufenthaltes. Wenn es möglich ist, einen ganzen Tag oder gar mehrere Tage im Wald zu verbringen, um so intensiver sind die Effekte. Man kann sich zum Beispiel einen „Wüstentag“ schenken (siehe S. 48) und ihn als „Waldbadetag“ verstehen und gestalten.

Loslassen und empfangen

Dein Atem ist dein bester Freund.
Kehre zu ihm zurück in allen deinen Schwierigkeiten,
und du wirst Trost und Führung finden.

ANTHONY DE MELLO

Leben ist nichts Abstraktes. Leben vollzieht sich ganz elementar in Prozessen des energetischen Austauschs, im Einatmen und Ausatmen, durch Nahrungsaufnahme und Ausscheidung. Jede Körperzelle braucht diesen Austausch, den Stoffwechsel, für den das Herz-Kreislauf-System zuständig ist. Was phänomenologisch betrachtet eine biologische Grundbewegung des Lebens ist, das geschieht auch während eines Aufenthaltes in der Natur mit uns. Am Anfang des Aufenthaltes in der Natur steht eine Art Entleerung von Verbrauchtem, von Stress und Sorgen, ein Abstreifen von lästigen Gedanken und ein Aushauchen von verbrauchten Energien des Alltags. Das kann etwa durch bewusstes Atmen oder auch durch längeres Gehen erreicht werden. Wenn so Raum geschaffen wurde, kann es zu einer Zufuhr neuer Energien und zu einer Neuwerdung kommen. Das gilt übrigens auch für den spirituellen Stoffwechsel. Nach dem Loslassen und Leerwerden von schlechten Energien (wie beispielsweise der Sünde in der Beichte) kann es zu einer spirituellen Erneuerung und Aufladung kommen.

In diesen biologischen, mentalen und spirituellen Austauschprozessen ist das Leerwerden das Hauptproblem, besonders im Alltag. Durch ständige Reizüberflutung leiden wir eher an Überfütterung. Wir nehmen ständig mehr auf, als uns guttäte. Das gilt auch für akustische oder visuelle Impulse und Reize, sogar für geistige Anregungen. Die entscheidende Frage ist hier: Wer oder was hilft uns beim Leerwerden? Wenn der biologische, mentale und spirituelle Stoffwechsel funktioniert, das heißt, wenn das Aufgenommene auch verarbeitet und wieder ausgeschieden werden kann, sind wir gesund bzw. kann Heilung geschehen. Wenn es gelingt, den Stress, bedingt durch eine ständige Überforderung oder einen zu hohen Zeittakt im Alltag, abzulegen, kann im Raum der Natur Resilienz aufgebaut werden.

Alle positiven Kräfte der Natur, die frische Luft, der Sauerstoff, die Farbe Grün usw. wirken natürlich auch unabhängig von unserer Achtsamkeit und Aufnahmefähigkeit und -bereitschaft, allein dadurch, dass wir rausgehen und uns ihnen aussetzen. Aber man kann den Prozess des

Leerwerdens und Neuwerdens durch Übungen auch befördern und verstärken.

Die Beobachtung des Atems ist *die* zentrale Übung der Achtsamkeitspraxis. Sie hat auch eine starke spirituelle Dimension. „Dein Atem ist dein bester Freund. Kehre zu ihm zurück in allen deinen Schwierigkeiten, und du wirst Trost und Führung finden", rät der indische Meditationsmeister und Benediktinermönch Anthony de Mello. Was dem Osten seit Jahrtausenden bewusst ist, wird im Westen zunehmend wiederentdeckt und von der modernen Medizin und Psychologie bestätigt: das Wissen um die Bedeutung des Atems für Leib und Seele. Atem ist Leben, beständiges, strömendes Leben. Atem ist das Element, das uns mit dem geistigen Kosmos verbindet. Er ist die Gabe des Himmels, der Geist, der uns durchströmt.

Bewusstes Atmen beginnt mit dem *Ausatmen*. Hier ist mein Mittun gefordert, und zwar so, dass ich mich von allem Machen, Können und Wollen löse und zugleich alles Verbrauchte, Erstarrte, Hinderliche und Belastende abgebe. Aktives Ausatmen bedeutet nicht, den Atem gewaltsam zu verlängern oder nach außen zu pressen, sondern ihn in Entspannung gehen zu lassen und damit alles loszulassen, was mich bedrückt und belastet.

Nach dem Ausatmen ist ein kleiner Augenblick, in dem nichts geschieht, in dem ich weder ausatme noch einatme. Ich mache eine kurze *Atempause*. Dieser Augenblick des reinen Schweigens und Nichttuns ist der Ort, wo ich mich ganz loslasse und Gott übergebe und dabei den Geschenkcharakter der ganzen Existenz erahne.

Nach diesem kurzen Augenblick des Innehaltens *lasse ich den Atem wieder einströmen.* Dies ist kein bewusstes Atemholen, sondern ein Einströmenlassen. Und mit dem Atem können der Friede und die geschenkte Erleichterung, das Gesunde, das Heile, das Göttliche, das Befreiende einströmen. In meinen Körper, in meinen Geist, in meine Seele. Befreiendes Leben – neue Hoffnung.

ACHTSAMKEITSÜBUNG:

Den eigenen Atem wahrnehmen

Vorbereitungen:
Beginnen Sie wieder mit einer Lockerungsübung im Stehen: Schütteln Sie zunächst die Hände aus den Handgelenken, dann zusätzlich noch die Arme aus den Schultergelenken und schließlich wippen Sie gleichzeitig in den Knien. So können Sie Körper und Geist lockern und sich vorstellen, dass vielleicht etwas abfallen kann, was verspannt ist und belastet. Danach streifen Sie die Arme und den ganzen Körper ab und hauchen Sie stoßweise den verbrauchten Atem aus.

Entscheiden Sie dann, ob Sie die Übung im Sitzen oder Stehen durchführen wollen. Beim Sitzen, zum Beispiel auf einer Bank oder einem Baumstumpf oder im Gras, achten Sie bitte darauf, dass Sie mit den Füßen oder Unterschenkeln Kontakt zum Boden haben und einen stabilen Sitz einnehmen können. Das Rückgrat richtet sich frei aus dem Becken auf und findet eine aufrechte Haltung, in der es sich ohne große Mühe einige Minuten gerade halten lässt. Die Hände finden ihren Platz im Schoß oder auf den Oberschenkeln.

Beim Stehen: Finden Sie einen guten Stand und spüren Sie mit den Füßen zum Boden hin. Nehmen Sie wahr, wie die Füße das Gewicht Ihres Leibes tragen und zum Boden hin abgeben. Stehen Sie aufrecht. Die Arme hängen locker am Körper herunter.

Durchführung:

- Nehmen Sie in großer Gelassenheit Ihren Atem wahr, wie er kommt und wie er geht – ohne ihn zu verändern.
- Genießen Sie in diesem Augenblick, nichts tun zu müssen, einfach nur da zu sein und den Atem zu spüren.
- Atmen Sie durch die Nase. Spüren Sie, wie die Luft durch ihre Nasenlöcher einströmt und dann leicht erwärmt wieder ausströmt. Versuchen Sie, so eine Weile jeden Atemzug zu beobachten.

- Vielleicht kommen jetzt Gedanken und Gefühle in Ihnen auf, die Sie besetzt halten und Ihre Konzentration auf den Atem ablenken. Ärgern Sie sich nicht darüber, kämpfen Sie nicht dagegen an. Lassen Sie alles Ablenkende und Widerständige zu Bewusstsein kommen und binden Sie es an den Ausatem. So können Sie Überflüssiges und Belastendes mit dem Ausatem verabschieden und fortschicken.
- Schicken Sie den Atem dorthin, wo sie die körperlichen Blockaden wahrnehmen. Was durchatmet wird, kommt in Bewegung und gibt nach. Neue Atemräume eröffnen sich und der Atem wird ganz von selbst ruhiger und tiefer.
- Nehmen Sie nun nach dem Ausatmen die Atempause wahr und halten einen Augenblick inne.
- Jetzt lassen Sie den Atem einströmen und spüren Sie, wie Sauerstoff Sie durchströmt und bis in die kleinste Körperzelle fließt und Sie belebt.
- Bleiben Sie mit Ihrer Aufmerksamkeit weiter ganz beim Einatmen und stellen Sie sich vor, dass in Ihrem Atem Gottes lebensspendender Geist in Sie einströmt – bis in Ihr Herz – und beim Ausatmen vom Herz her den ganzen Leib durchströmt.
- Bleiben Sie einige Minuten bei dieser Übung und beenden Sie sie, indem Sie abschließend drei tiefe Atemzüge nehmen.

- Legen Sie die Hände zusammen vor die Brust und verbeugen Sie sich vor dem Geheimnis der Gegenwart Gottes und bedanken Sie sich für das Geschenk des Atems.

***

Morgenluft!
Morgenduft!
Über alles hingebreitet!
Fern ein Segel traumhaft gleitet …
Morgenluft!
Morgenhauch!
O erfülle meine Seele!
Horch, die kleine Vogelkehle
Mir zu Häupten preist dich auch!

CHRISTIAN MORGENSTERN

Die Welt ist Gottes so voll

Das eine ist mir so klar und spürbar wie selten:
Die Welt ist Gottes so voll.
Aus allen Poren der Dinge quillt er
gleichsam uns entgegen.
Wir aber sind oft blind. Wir bleiben in den schönen
und bösen Stunden hängen
und erleben sie nicht durch bis an den Brunnenpunkt,
an dem sie aus Gott herausströmen.
Das gilt für alles Schöne und auch für das Elend.
In allem will Gott Begegnung feiern und fragt
und will die anbetende, hingebende Antwort.
Die Kunst und der Auftrag ist nur dieser, aus diesen
Einsichten und Gnaden
dauerndes Bewusstsein und dauernde
Haltung zu machen.
Dann wird das Leben frei in der Freiheit,
die wir immer gesucht haben.[13]

ALFRED DELP (1907–1945)

Diese bewegenden Worte schrieb Alfred Delp, katholischer Priester und Jesuit, Widerstandskämpfer und Märtyrer, am 17. November 1944 mit gefesselten Händen in seiner Todeszelle, wenige Wochen vor seiner Hinrichtung am 2. Februar 1945 durch die Nationalsozialisten. Er schrieb sie am Ende seines Lebens, sozusagen als Vermächtnis an seine Familie, Mitbrüder im Orden, Schwestern und Brüder im Glauben. Nicht in einer grandiosen Landschaft stehend, sondern in einer kargen Gefängniszelle sitzend, mit Blick auf die kahlen Wände und die spärliche Einrichtung. Welch ein Kontrast! Abgeschnitten vom Leben, von allen sinnlichen Freuden, in der Bewegung reduziert auf die Enge seiner Zelle, keine Blume, kein Grün um sich herum, spricht er von der Gegenwart Gottes, die er als Fülle des Lebens in allem wahrnimmt. Wie erfüllt und vom Geist Gottes durchdrungen muss ein Mensch sein, um mit solchen Worten angesichts des nahen Todes sogar noch seine Freunde draußen zu trösten und der Gegenwart Gottes in allem zu vergewissern? Um sie dann auch aufzufordern zur Achtsamkeit und Wahrnehmung Gottes – in den schönen Dingen des Lebens wie im Elend.

Alfred Delp folgte als Jesuit dem ignatianischen Grundsatz „Gott in *allen* Dingen suchen und finden". Ignatius von Loyola, der Gründer des Jesuitenordens, hat in seinen Exerzitien daraus einen spirituellen Übungsweg konzipiert, dem bis heute viele folgen. Er ist eine kontemplative Spurensuche, die durch meditatives Verweilen,

Hinschauen, Hinhören und Suchen mit allen Sinnen geprägt ist. In den schönen Dingen fällt es nicht schwer, die Gegenwart und Fülle Gottes zu entdecken. Im Elend hingegen scheint Gott weit entfernt zu sein. Das Schöne und Gute, aber nicht das Elend und das Leid, werden ja gemeinhin mit ihm assoziiert und in Verbindung gebracht. Aber woher kommen dann die leidvollen und dunklen Erfahrungen und Zumutungen des Lebens? Es ist hier nicht der Ort, die Frage nach der Herkunft des Leidens oder warum Gott es zulässt (Theodizeefrage) zu diskutieren. Für Delp ist jedoch klar, dass gute und böse Stunden, das Schöne und das Elend aus Gott herausströmen und deshalb auch mit ihm in Verbindung gebracht werden dürfen. Wer bereit ist, dieser Sicht auf Gott und das Leben zu folgen, kann der Frage nachgehen: Wie verändert sich mein Umgang mit dem Elend des Lebens, wenn ich es aus Gott herausströmend ansehen kann?

„Die Welt ist Gottes so voll. Aus allen Poren der Dinge quillt er gleichsam uns entgegen" – ein ungeheuer kraftvoller Satz, der von der Gegenwart und Dynamik Gottes im Bild des Sich-Verströmens spricht. Die göttliche Kraft scheint geradezu hervorzuquellen wie bei einer aufgehenden Blüte im Frühling, die sich langsam entfaltet und ihren Duft verströmt. Die Poren der Dinge öffnen sich, und heraus tritt die Fülle des Lebens. Um die Welt so sehen zu können, braucht es ein längeres Verweilen, einen kontemplativen Blick auf und hinter die Dinge. Denn der

Augenschein, der flüchtige Blick auf die Dinge, sieht davon nichts. Ihm erscheint die Welt oft banal, ja selbst die Natur weithin gewöhnlich und ohne Geheimnis und Schönheit. Der flüchtige Blick registriert nur Augenscheinliches, scannt in Sekundenschnelle Bilder und Vorhandenes, ohne in die Tiefe zu schauen. So bleiben Menschen in den schönen wie in den bösen Stunden in einer oberflächlichen und flüchtigen Betrachtung der Dinge stecken.

Aber offenbar gibt es einen Punkt in der Tiefe, Delp nennt ihn den „Brunnenpunkt", einen Ort der Erkenntnis und des Trostes, wo der kontemplative Mensch alles aus Gott herausströmen sieht. Das Schöne wie das Elend. Diese Sicht kann zu einem großen Trost werden. „In allem will Gott Begegnung feiern und fragt und will die anbetende, hingebende Antwort." Dass es in allem, und besonders in der Natur, zu Begegnungen mit Gott kommen kann, die Menschen zur Antwort und Anbetung bewegen, das bezeugen immer wieder spirituell suchende Menschen. Und das ist die Verheißung des spirituellen Weges, der in diesem Buch aufgezeigt wird. Damit wir für die Fülle des Lebens und die Gegenwart Gottes in der Natur nicht blind sind und bleiben, braucht es eine Annäherung und Erkenntnis der Natur auf mehreren Ebenen.

Die drei Augen

Eine Hand voll Erde, schau sie dir an.
Gott sprach einst: Es werde! Denke daran.[14]

REINHARD BÄCKER

Im Mittelalter haben im Kloster St. Viktor in Paris zwei christliche Philosophen drei verschiedene Arten des Sehens und damit drei unterschiedliche Zugänge zu ein und derselben Wirklichkeit herausgearbeitet. Ihre Definitionen hatten großen Einfluss auf zahlreiche Gelehrte und Sucher in der abendländischen Tradition. Hugo von St. Viktor (um 1097–1141) und Richard von St. Viktor (um 1110–1173) sprachen von den drei Augen, mit denen man Wirklichkeit betrachten kann und die aufeinander aufbauen: Sie nannten das erste Augenpaar die „Augen des Fleisches" (Gedanken, Emotionen usw.), das zweite die „Augen der Vernunft" (Reflexion) und das dritte die „Augen des wahren Verstehens" (Kontemplation). Wenden wir dieses Modell auf die Betrachtung der Natur an, so ergeben sich drei unterschiedlich Zugänge, die eng miteinander zusammenhängen und aufeinander aufbauen.

Der erste Zugang zur Natur, der den meisten Menschen möglich und offenbar der am meisten verbreitete ist, ist der *emotionale Zugang*. Nehmen wir als Beispiel den Wald. Menschen werden von der Atmosphäre des Waldes emotional berührt. Ein tiefer Atemzug lässt sie aufatmen und genießen und gibt ihnen das Gefühl von Klarheit und Frische. Der Duft des Waldbodens lässt vielleicht Erinnerungen an Kindheitstage, an sorglose Aufenthalte, Wanderungen und Spiele im Wald aufkommen. Von einem Berg herab schweift der Blick in die Weite. Die Schönheit der Landschaft berührt das Gemüt und lässt das Herz aufleben. Oder der Blick fokussiert sich auf ein winziges Detail, das bei genauer Betrachtung seine Schönheit entfaltet, und man kommt ins Staunen. Solche Beobachtungen und Erfahrungen kennt wohl jeder und jede.

Ein anderer ist der *wissenschaftlich-technische Zugang*, der durch naturwissenschaftliche Informationen, Assoziationen und Reflexionen vermittelt wird. Wenn man beispielsweise an einer Waldführung mit einem Förster teilnimmt, bekommt man viele interessante Informationen über den Zustand des Waldes. Die Informationen und Erkenntnisse bleiben dabei oft auf einer kognitiven Ebene, können aber auch zu emotionaler Betroffenheit, zum Staunen oder zum Sorgen um die Zukunft des Waldes führen.

Darüber hinaus gibt es den *kontemplativen Zugang*. Das Sehen mit dem dritten Auge ist die Sichtweise der

Mystiker. Sie lehnen das erste Auge nicht ab. Die sinnlichen Wahrnehmungen sind ihnen wichtig. Auch das zweite Auge lehnen sie nicht ab. Aber sie verwechseln Wissen nicht mit Tiefe und Information nicht mit Transformation des Bewusstseins. Der mystisch-kontemplative Blick baut auf das erste und zweite Auge auf, aber er reicht weiter. Er schließt den emotionalen und wissenschaftlichen Zugang nicht aus, sondern setzt beide sozusagen voraus. Der kontemplative Zugang ist geprägt von Entschleunigung, Achtsamkeit und Dauer. In der aufmerksamen, kontemplativen Betrachtung eines Baumes, seiner Wurzeln, des Stammes und der Krone erkennt der Betrachtende möglicherweise auch sich selbst. Es kommen vielleicht existenzielle Fragen und Ideen nach dem Woher und Wohin des Lebens, nach dem Grund des Seins auf. Gedichte, Lieder, Bibeltexte kommen einem während der Meditation in den Sinn. Manchmal steigt Auswendiggelerntes ins Bewusstsein auf und leiht einem Worte zu Lob und anbetender Antwort.

ACHTSAMKEITSÜBUNG:

Eine Handvoll Erde

Emotionaler Zugang:

- Nehmen Sie Erde in die Hand, eine Handvoll genügt.
- Schließen Sie die Augen und riechen Sie daran. Was haben Sie da aufgegriffen? Feuchte Erde oder eher trockene? Gartenerde, Ackerboden oder Waldboden? Woran erinnert Sie der Geruch? Welche Bilder erscheinen vor Ihrem inneren Auge? Welche Erinnerungen und Emotionen kommen hoch? Vielleicht sind es Erinnerungen aus der Kindheit, als Sie mit Lust und Freude im Matsch getobt haben, und Sie hören noch die Worte der Mutter: „Mach dich nicht dreckig!“ Oder Sie erinnern sich, welche Gefühle beim Wühlen in der Erde im Garten in Ihnen aufsteigen.

Wissenschaftlicher Zugang:

- Öffnen Sie die Augen. Blicken Sie auf die Handvoll Erde und schauen Sie ganz genau hin. Was ist dort alles versammelt in dieser Hand? Nehmen Sie auch Details wahr: abgestorbene Pflanzenreste, kleine Wurzeln und kleinste Lebewesen, Baustoffe des Lebens. Millionen von Wesen, die meisten gar nicht mit bloßem Auge zu erkennen. Sie erinnern sich vielleicht an den Biologieunterricht und was Sie zur Entstehung des Lebens einmal gelernt haben ... Und nun schauen Sie, was die Erde alles hervorbringt: die Früchte des Feldes, vielfältige Pflanzen und Bäume des Waldes. Vielleicht kommt Ihnen das Staunen. Vielleicht machen Sie sich Sorgen um ...

Kontemplativer Zugang:

- Franz von Assisi singt in seinem Sonnengesang von der „Mutter Erde". Die fruchtbare Humusschicht nennen wir „Mutterboden". Ja, die Erde ist unsere Mutter. Wir sind mit ihr auch stofflich verbunden. Sie versorgt und nährt uns mit allem, was wir zum Leben brauchen. „Von Erde bist du genommen, zu Erde wirst du wieder werden", heißt es am Grab. Du bist ein Erdling, von der Erde genommen, das kann dich zur Demut (lat. Humilitas – „Humus" steckt darin) bringen. Und gleichzeitig bist du ein Himmelskind, mit dem Himmel verbunden. So darfst du leben, gut geerdet, nah am Boden und zugleich aufgerichtet, dem Himmel zugewandt. Deinen Schöpfer lobend, ihm Antwort gebend.

ACHTSAMKEITSÜBUNG:

Angehaucht und durchströmt vom Atem des Lebens

Organisation:

Suchen Sie sich einen Ort auf dem freien Feld oder auf einem Hügel, wo Sie die Weite des Himmels, Wolken und Sonne sehen können.

Durchführung:

- Betrachten Sie den Himmel und schauen Sie, wie der Wind die Wolken bewegt, wie die Wolken die Sonne bedecken und wieder freigeben.
- Schließen Sie die Augen und achten Sie auf die Empfindungen auf Ihrer Haut (Gesicht, Arme, Hände).
- Spüren Sie, wie der Wind Sie berührt: Ihre Haut, Ihr Haar, wie er Sie leicht umweht oder kräftig anbläst.
- Heben Sie leicht die Arme zur Seite und öffnen Sie die Handflächen nach vorn. Drehen Sie sich

langsam, im Zeitlupentempo und spüren Sie, wie sich das anfühlt, wenn der Wind Sie von vorn, den Seiten oder hinten anbläst. Spüren Sie die Kühle und Frische des Windes auf Ihrer Haut.

- „Der Wind, der Wind, das himmlische Kind!“ Wind, Pneuma, Spirit, Geist, Odem Gottes, Atem des Lebens – welche weiteren Worte oder Bilder kommen Ihnen in den Sinn?
- Ich lebe, weil ich vom Odem des Lebens, vom Geist Gottes angehaucht und durchströmt werde – vom ersten Atemzug als Säugling bis zum letzten Atemzug am Ende meines Lebens.
- Pfingsten: „Und es geschah plötzlich ein Brausen vom Himmel wie von einem gewaltigen Sturm … und sie wurden alle erfüllt vom Heiligen Geist“ (Apostelgeschichte 2,1 ff.). Der Geist Gottes ist die Kraft, die von außen kommt, mich „anmacht“, belebt, inspiriert.
- In diesem Bewusstsein verweilen Sie noch ein paar Minuten, den Wind spürend, der Sie von außen „anmacht“, und dem Atem nachhörend, der Sie durchströmt.

Komm,
Heiliger Geist

Komm, Sturm.
Zerreiße die Wolken der Traurigkeit.
Lass uns die Sonne sehen.
Komm, Atem des Lebens.
Hauche uns an,
damit wir unsere Gräber verlassen
und auferstehen aus Trägheit und Angst.
Komm, Feuer,
taue das Eis auf in unseren Herzen.
Öffne uns für dich und füreinander.
Komm, Heiliger Geist.
Wärme,
belebe,
bewege uns.[15]

KARL-HEINZ RONECKER
(1936–2019)

Verbundenheit

Er ist's
Frühling lässt sein blaues Band
wieder flattern durch die Lüfte;
süße, wohlbekannte Düfte
streifen ahnungsvoll das Land.
Veilchen träumen schon,
wollen balde kommen.
– Horch, von fern ein leiser Harfenton!
Frühling, ja du bist's!
Dich hab ich vernommen!

EDUARD MÖRIKE (1804–1875)

Sicher kennen Sie die Sehnsucht nach tiefer Verbundenheit mit der Natur, die oft aus dem schmerzhaften Gefühl der Trennung und Entfremdung von allem Lebendigen mitten in den Betonwüsten unserer Zivilisation in uns aufkommt. Im Hinausgehen aus den manchmal bedrückenden Lebensräumen und im Eintauchen in die Natur können wir die Erfahrung machen, dass uns da etwas Heilsames entgegenkommt, was manchmal noch diffus und unbestimmt ist. Manches ist klar zu spüren und zu erkennen, manches nur unbewusst: beispielsweise die Farbe Grün, die, von den Augen aufgenommen, bis tief in unsere Seele dringt und ihr guttut. Das Grün der Wiesen und Wälder entfaltet sich als Kraft in unserer Seele. Hildegard von Bingen spricht von der Grünkraft der Natur, einer belebenden, uns entgegenkommenden und erfrischenden Energie.

Oder es ist das Vogelgezwitscher, das Plätschern eines Baches, das Rauschen der Blätter im Wind oder eine wohltuende Stille. Töne und Melodien, die unsere Seele tief berühren und die unsere Sehnsucht nach Verbundenheit und Neuanfang nähren.

Wenn nach einem langen Winter die Vegetation noch ruht, um Kraft zu sammeln für den Aufbruch im Frühling, Lüfte sanft wehen und der Frühling sich zu regen beginnt wie ein flatterndes blaues Band, wenn süße Düfte sich mit der Luft verbinden und das Neue wie ein zarter Harfenton ins Klingen kommt, dann wächst die Sehnsucht nach Verbundenheit und Einswerden mit dem Größeren der Natur.

Ralph Waldo Emerson und Henry David Thoreau, amerikanische Romantiker des 19. Jahrhunderts, gehörten zum Kreis der sogenannten Transzendentalisten. Sie betrachteten den Kosmos als einen dynamischen Organismus, in dem alles zugleich Teil von allem ist. Sie lehrten, dass dem Menschen durch die Betrachtung der Natur sein eigenes Wesen offenbart wird. Emerson schreibt in seinem Essay „Natur“: „In der ruhigen Landschaft … erblickt der

Mensch etwas, das so schön ist wie seine eigene Natur. Die größte Wohltat, die uns Felder und Wälder gewähren, ist die Idee einer geheimen Verwandtschaft zwischen dem Menschen und der Pflanzenwelt."[16] Sein Freund Henry David Thoreau beschloss 1845, in die Wälder zu ziehen. Er baute sich eine kleine Hütte an einem See namens Walden und begann ein zweijähriges Experiment: ein Leben fernab der Gesellschaft. Im Einklang mit der Natur machte er sich auf die Suche nach sich selbst. Als Selbstversorger musste er sich zunächst und immer wieder den elementaren Dingen des täglichen (Über-)Lebens widmen, und so lebte er in Harmonie mit der ihn umgebenden Natur. Im Lauf der Zeit, als die Grundversorgung gesichert war, konnte er sich immer öfter auch den schönen Dingen des Lebens zuwenden. Nach getaner Arbeit genoss er die Einsamkeit und Nähe der Natur: „Ein köstlicher Abend, wenn der ganze Körper ein Sinn, eine Empfindung ist und mit jeder Pore Entzücken atmet! Ich bewege mich mit erstaunlicher Zwanglosigkeit in der Natur, ein Teil ihrer selbst. Wenn ich bei kühlem, bewölktem, windigem Wetter in Hemdsärmeln das steinige Seeufer entlanggehe und nichts meine besondere Aufmerksamkeit in Anspruch nimmt, fühle ich eine ungewöhnliche Übereinstimmung mit den Elementen, die mich umgeben. … Ich bin so im Einklang mit dem zitternden Espen- und Pappellaub, daß es mir fast den Atem benimmt."[17] Thoreau machte in seinem Wildnisexperiment deutlich, dass die Natur ein wunderbarer

Raum der Selbsterfahrung ist und dass eine tiefe emotionale Verbundenheit mit ihr möglich ist, denn hier werde die Biophilia, die Liebe zu allem Lebendigen, in uns geweckt. Thoreau und Emerson gaben der späteren Naturschutzbewegung und der Natur- und Wildnispädagogik entscheidende Impulse.

Aber keine Angst, Sie müssen nicht gleich Ihre Wohnung kündigen und in die Wildnis ziehen, um die Verbundenheit mit der Natur hautnah zu erleben. Sie ist durchaus auch niedrigschwelliger zu erleben, zum Beispiel mit folgender Übung:

ACHTSAMKEITSÜBUNG:

Verbunden sein

Vorbemerkung:

Bei dieser Übung soll der Begriff „Verbundenheit“ als Erfahrung in der Begegnung mit der Natur kontempliert und ganzheitlich erlebt werden. Unter „Kontemplation“ verstehen wir ein freies, nicht ergebnisorientiertes Assoziieren, Denken und Fühlen zu einem bestimmten vorgegebenen existenziellen Thema.

Wenn Sie bisher in einer Gruppe unterwegs waren, dann trennen Sie sich jetzt bitte nach diesen einführenden Bemerkungen zu einer Solozeit, in der jeder und jede allein unterwegs ist. Verabreden Sie sich zum Erfahrungsaustausch nach ca. 20 bis 30 Minuten wieder am Ausgangsort.

Durchführung:

- Sie können jetzt den Begriff „Verbundenheit" kontemplieren. Achten Sie auf alle Ihre Assoziationen, also Gedanken, inneren Bilder, Erinnerungen, Fantasien und Gefühle zu diesem Thema.
- Lassen Sie Ihren Blick schweifen und schlendern Sie langsam in den Wald oder wo auch immer hin. Halten sie Ausschau und achten Sie darauf, was Ihnen an Objekten, Atmosphären, Erscheinungen in der Natur begegnet.
- Bleiben Sie stehen und schauen, hören, riechen Sie länger und genauer hin. Achten Sie wieder auf Ihre Gefühle, innere Bewegungen, Assoziationen usw.
- Versuchen Sie nicht, ein Ergebnis zu erzielen, eine Erkenntnis zu gewinnen. Wenn Sie dieses Bestreben spüren, nehmen Sie es wahr und kehren Sie zur absichtslosen Wahrnehmung der Naturphänomene zurück. Lassen Sie sich inspirieren, ohne sich anzustrengen.
- Sie können nun, wenn Sie wollen, mit Ihrem Atem eine lebendige Brücke, eine Verbindung zu Ihrem Gegenüber, sei es eine Atmosphäre, ein Gegen-

stand oder Ähnlichem herstellen. Im Ein- und Ausatmen fließt Energie hin und her, entsteht eine Beziehung.

- Wenn Sie lange genug beobachtet haben, können Sie sich einem anderen Naturphänomen widmen. Nehmen Sie wahr, was auf Sie zukommt, was nun Ihre Zuwendung und Aufmerksamkeit haben möchte.
- Wenn Sie möchten und es möglich ist, dann nehmen Sie einen Gegenstand Ihrer Betrachtung mit, um ihn den anderen zu zeigen. Aber verursachen Sie keine Schäden.
- Zur vereinbarten Zeit treffen sich die Teilnehmenden wieder am Ausgangsort und teilen ihre Begegnungen und Gedanken einander mit. Es ergibt sich durch die Übung für die Teilnehmenden eine wichtige Gelegenheit, über existenzielle Themen in der Gruppe zu sprechen. Für diese Gespräche sollte ausreichend Zeit eingeplant werden. Dabei können die mitgebrachten Gegenstände zur Illustration benutzt und anschließend zu einem kleinen gemeinsamen Kunstwerk der Gruppe am Boden drapiert werden.

Die philosophische und religiöse Vorstellung und Erkenntnis, dass in unserer Welt alles mit allem verbunden ist und wir als Menschen ein Teil des Ganzen sind, drängen sich als wichtige Erfahrung und Erkenntnis einer solchen Übung auf.

Und hier kommen nun auch die Religion und Spiritualität ins Spiel. Die wesentliche Funktion von Religion besteht darin, uns mit allem zu verbinden (*Re-ligio* = sich neu verbünden oder verbinden). Sie soll uns helfen, die Welt und uns selbst in einer Gesamtschau zu sehen und nicht nur in isolierten Fragmenten. Spiritualität ist somit die achtsame Wahrnehmung der Wirklichkeit und ihrer Zusammenhänge und die konkrete Arbeit an der Einheit. Kontemplative Menschen „können deshalb die Einheit sehen, weil sie von ihrer inneren Einheitserfahrung her nach außen und auf das Ganze schauen, statt alles sofort als überlegen oder unterlegen, drinnen oder draußen zu definieren".[18] Nach biblischem Verständnis ist Jesus Christus die Manifestation Gottes, die das gesamte Universum in sich birgt und trägt. Sein Wille ist, dass „sie alle eins sind" (Johannes 17,21). Er ist das innere Band dieser Verbundenheit selbst. Er kam, um zu vereinen und „um alle Dinge in sich zu versöhnen, alles im Himmel und auf Erden" (Kolosser 1,19). Und deshalb gilt es, Christus in allem zu suchen und zu finden.

Christus ist nicht gekommen, dass jeder nur individuell und privat „erlöst" oder erleuchtet wird, sondern dass die Welt, und das heißt der ganze Kosmos, zu seiner Vollendung geführt wird. Er ist die Auferstehungskraft in allem, die der Welt Hoffnung gibt. Und so ist die Inkarnation, wie sie in Maria geschehen ist und in den Sakramenten, aber auch in der Natur sich fortsetzt, das ewige Kommen Christi und die fortwährende Verheißung ewiger Auferstehung in uns und in der Natur zu unserer Stärkung und Vergewisserung.

Gott ist gegenwärtig

Gott ist gegenwärtig. Lasset uns anbeten
und in Ehrfurcht vor ihn treten.
Gott ist in der Mitte. Alles in uns schweige
und sich innigst vor ihm beuge.
Wer ihn kennt, wer ihn nennt, schlagt die
Augen nieder; kommt, ergebt euch wieder!

GERHARD TERSTEEGEN (1697–1769)

Gerhard Tersteegen, reformierter Pietist und Mystiker vom Niederrhein, den man auch *den* „protestantischen Lehrer der Achtsamkeit" nennen kann, hat eine alltagstaugliche „Übung der Gegenwart Gottes" entwickelt, in der es darum geht, in der Haltung der Achtsamkeit die Nähe Gottes im gegenwärtigen Augenblick zu suchen und sich in ihr zu „halten". Er selbst lebte viele Jahre seines Lebens eremitisch und arbeitete in stiller häuslicher Handarbeit als Seidenbandweber, eine Arbeit, bei der er alltagsnah Achtsamkeit und Kontemplation üben konnte. Später hat er sich als Seelsorger und Laienprediger einen Namen gemacht und eine große Anhängerschaft um sich versammelt. Mehrere Schriften und Traktate von der „Gottseligkeit" machten ihn einer breiten Leserschaft bekannt. Darüber hinaus hat er viele geistliche Lieder gedichtet, von denen einige Eingang in evangelische und katholische Gesangbücher bis in die Gegenwart gefunden haben.

In seinem bekanntesten Lied „Gott ist gegenwärtig"[19] werden die Ansichten des Seins in der Gegenwart Gottes bekenntnishaft ausgeführt. Man kann das Lied auch als christliche Achtsamkeitsübung in protestantischer Tradition für den gesungenen Hausgebrauch und zur Verinnerlichung durch den Gesang verstehen.

„Gott ist gegenwärtig" – das Lied beginnt mit dem feierlichen Bekenntnis der Gegenwart Gottes und der Aufforderung zur Anbetung. Aber Gott ist nicht nur in der Gemeinschaft, sondern auch in der Mitte der Person gegenwärtig. Das erkennt der in der Stille verharrende achtsame Beter, wenn alles in ihm schweigt. Diese Erkenntnis führt zu tiefer Demut und zum Wunsch, sich Gott ganz und gar zu ergeben. Ab der fünften Strophe wird die bisher personal dargestellte Gottesbeziehung mit Naturphänomenen verglichen und beschrieben und damit transformiert und kosmisch geweitet. Die „Luft, die alles füllet, drin wir immer schweben, aller Dinge Grund und Leben, Meer ohn' Grund und Ende" werden zu Metaphern Gottes, die ein ozeanisches Lebensgefühl erzeugen und ins

Staunen und in die Anbetung führen. Auch hier bleibt Gott das personale Gegenüber, dem die Begegnung gilt. Achtsamkeit – im Hier und Jetzt Gott begegnen, wie die Sonne das Gesicht bescheint, wie die Blumen der Sonne stillhalten – das ist das Ziel der Übung im Gebet. Durch dieses Sein in der Gegenwart Gottes geschieht Veränderung. Sanfter Friede kehrt ein und ordnet die Affekte und Emotionen.

Ich lade Sie nun ein, mit den Worten der sechsten Strophe betend in die Gegenwart Gottes zu treten und ihre wundervollen Bilder zu meditieren:

ACHTSAMKEITSÜBUNG:

Deine Strahlen fassen und dich wirken lassen

Vorbereitung:
Beginnen Sie mit einer Lockerungsübung (s.o.) Suchen Sie sich einen Platz in der Sonne. Mit dieser Übung, die zugleich ein Körpergebet ist, können Sie die oben genannte sechste Strophe aus Gerhard Tersteegens Lied „Gott ist gegenwärtig“ meditieren.

Du durchdringest alles; lass dein schönstes Lichte,
Herr, berühren mein Gesichte.
Wie die zarten Blumen willig sich entfalten und der Sonne stille halten,
lass mich so still und froh deine Strahlen fassen und dich wirken lassen.

Lesen Sie sich diesen Vers vorher mehrmals durch, lernen Sie ihn, wenn Sie können, auswendig oder lassen Sie ihn aufgeschlagen vor sich liegen.

Durchführung:

- Nehmen Sie eine aufrechte Sitzhaltung ein. Wenden Sie sich der Sonne zu. Schließen Sie die Augen, genießen Sie die Wärme der Sonne auf Ihrer Haut und spüren Sie, wie die Sonne, Gottes „schönstes Licht", Ihr Gesicht berührt.
- Legen Sie Ihre Hände mit den Handflächen nach oben auf Ihren Oberschenkeln ab und ballen Sie die Hände zu Fäusten und stellen Sie sich vor, dass sie zwei geschlossene Knospen sind, die sich nun der Sonne hinhalten.
- Öffnen Sie nun ganz langsam die Fäuste und stellen Sie sich vor, „wie die zarten Blumen" unter den warmen Sonnenstrahlen „willig sich entfalten", wie die Knospen langsam aufgehen und ihre ganze Pracht und Schönheit entfalten.

- Spüren Sie, wie sich unter den warmen Strahlen der Sonne auch etwas in Ihrem Inneren öffnet und wohltuend durchdrungen wird. Das kann Sie „still und froh“ machen.
- Wiederholen Sie in Achtsamkeit und großer Gelassenheit immer wieder die Worte und verbinden Sie sie mit ihrem Atem: „deine Strahlen fassen *(einatmen)* und dich wirken lassen *(ausatmen)*“.
- Seien Sie ganz gegenwärtig in dieser Haltung des Empfangens und bleiben Sie in dieser Übung, solange es Ihnen möglich ist.

Leben inmitten von Leben

Ich bin Leben, das leben will, inmitten von Leben, das leben will.

ALBERT SCHWEITZER (1875–1965)

„Ich bin Leben inmitten von Leben", zu dieser Erkenntnis kam der Theologe und Urwaldarzt Albert Schweitzer während einer Kanufahrt auf einem afrikanischen Fluss, bei der er vier ausgewachsenen Nilpferden mit ihren Jungen begegnete. Sie gelten in Afrika als äußerst gefährliche Tiere, gerade dann, wenn sie mit ihren Jungen unterwegs sind. Offenbar spürte er die Gefahr ganz unmittelbar und wurde sich des Wertes des eigenen Lebens in dieser nicht ungefährlichen Situation bewusst, in der er eher zufällig den Lebensraum der Nilpferde kreuzte.

Aus der Erfahrung der tiefen Verbundenheit mit der natürlichen und kreatürlichen Welt formulierte er seine Ethik, die unter dem Motto „Ehrfurcht vor dem Leben" weltweit Verbreitung und Anerkennung fand. Sie gründet auf dem Wissen der Verbundenheit mit allem Leben, ja mit dem Sein im Ganzen, dessen Teil der Mensch ist. Albert Schweitzer erklärt diese Verbundenheit sehr eindrücklich anhand einer Alltagssituation: In allem findet der Mensch sich wieder. Etwa im Käfer, der tot am Wege liegt, der um sein Dasein rang, Angst und Schmerzen kannte wie der Mensch, und nun nichts mehr ist als verwesende Materie, wie auch wir über kurz oder lang sein werden. Aus dieser Erkenntnis fordert Schweitzer vom Menschen das Mitgefühl mit allen Lebewesen ein, so klein und unbedeutend sie auch erscheinen mögen.

Mitgefühl mit allem Lebendigen war schon in seiner Kindheit prägend für ihn. Schweitzer erinnert sich an eine Szene aus seinem Heimatdorf im Elsass, als er eines Sonntagmorgens zusammen mit einem Freund Steinschleudern bastelte, um Vögel im Weinberg zu jagen. Mit Gewissensbissen geht er neben seinem Kameraden in Habachtstellung. Er spannt seine Schleuder. Gleich wird ein Vogel getroffen zu Boden fallen. Da läuten die Glocken der Dorfkirche zum Gottesdienst. Albert springt auf und verscheucht die Vögel. „Die Glocken haben mir das Gebot ins Herz geläutet: ‚Du sollst nicht töten.‘ Neben diesem Gebot verblassen alle anderen“, wird er als alter Mann in der Erinnerung dieser Begebenheit sagen.

Später als Urwaldarzt in Lambarene schaute Schweitzer auf die Landschaft am Fluss. Er sah das Zusammenspiel der Natur – Schmetterlinge, Nilpferde, Moskitos. „Wie im

Bilderbuch“, dachte er. Und doch fressen sie und werden gefressen. Leben geschieht immer auf Kosten von anderen. Aber welche Kreatur nimmt sich mehr, als sie zum Leben braucht? Nur der Mensch. Was kann ihn davon abhalten? Und da waren sie, die vier Worte, die Schweitzer ein Leben lang begleiteten: Ehrfurcht vor dem Leben.

Ein Kollege, ebenfalls Mediziner, erzählte, dass man in Lambarene auf keine Ameisenstraße treten durfte. Von Gift gegen Ratten wollte Schweitzer nichts wissen. Man solle lieber Schutzzäune bauen. Morgens fütterte er seinen Pelikan Parzifal. Eine Katze saß mit an seinem Schreibtisch. Zur guten Nacht bekam ein Antilopen-Paar noch ein Leckerli. Bei Schweitzer war das nicht nur kuschelige Tierliebhaberei. Es entsprach seiner Lebenshaltung.

Ehrfurcht vor dem Leben hatte für ihn politische Konsequenzen.

Die Gefahr der atomaren Bewaffnung war ein beherrschendes Thema nach dem Zweiten Weltkrieg. Schweitzer schloss sich dem Protest seines Freundes Albert Einstein gegen Atomwaffen an. 1952 erhielt er den Friedensnobelpreis. In seiner Dankesrede am 4. November 1954 in Oslo warnte er nachdrücklich vor der nuklearen Gefahr und wies darauf hin, dass der Mensch mit dem Bau der Atombombe in der Gefahr stehe, vom Übermenschen zum Unmenschen zu werden.

Dabei überraschte der Theologe dadurch, dass er sich nicht in erster Linie auf die christliche Nächstenliebe und

Feindesliebe berief, sondern auf die Vernunft. Die Vernunft, so behauptete Schweitzer, müsse jedem Menschen sagen, dass er nicht anders kann als Ehrfurcht zu haben vor allem, was Leben heißt, und nicht anders als mitzuempfinden mit allem, was Leben heißt. Das sei der Anfang und das Fundament aller Sittlichkeit.

Kritisch anzumerken und festzustellen ist, dass Schweitzer die Grenzen der menschlichen Psyche und die Grenzen des Guten wohl unterschätzt. Wer kann schon leben, wenn er ständig alles Leiden dieser Welt in sich spürt? Aber er war Idealist, feierte die Ideale der Jugend als die wahren Ideale, denen man sein Leben lang treu bleiben müsse. Hier wollte er nicht vernünftig sein, sich nicht mit der Welt und ihren Grenzen arrangieren: Wenn auch die Ideale gewöhnlich von den Tatsachen erdrückt werden, so bedeute das nicht, dass sie von vornherein vor den Tatsachen zu kapitulieren hätten, sondern nur, dass unsere Ideale nicht stark genug sind.

In den 1950er Jahren ist Albert Schweitzer wie ein Heiliger verehrt worden, heute ist es stiller um ihn geworden. Aber gerade für eine Jugend, die sich ihre Ideale im Kampf gegen die Naturzerstörungen und den Klimawandel nicht durch den Hinweis auf die Realitäten nehmen lassen will, ist Schweitzers Ethik der Ehrfurcht vor dem Leben anschlussfähig.

Die Erkenntnis, dass in der Natur alles mit allem verbunden ist und der Mensch ein Teil des Ganzen ist, hat weitreichende Konsequenzen für das Selbstverständnis und das Handeln des Menschen. Weil der Mensch aus seiner exponierten Stellung in der Natur, die auch in dem biblischen Auftrag, die Schöpfung „zu bebauen und zu bewahren“ (1. Mose 2,15), begründet ist, kein Recht zur Beherrschung und Ausbeutung ableiten darf, muss er immer wieder darüber nachdenken, was es heißt, in dieser Welt ein Gärtner und ein Hirte, aber vor allem ein Mitgeschöpf zu sein. Die Verbundenheit aller Geschöpfe untereinander und mit dem Schöpfer hat Konsequenzen für den Menschen, für seine Identität und sein Verhalten. Ehrfurcht vor dem Leben ist somit eine konsequente Lebenshaltung und Ethik, wenn der Mensch sich als „Leben inmitten von Leben, das leben will“ begreift.

Mit der folgenden Übung lade ich dazu ein, sich lautlos in den Lauf der Natur einzufügen und mit allen Kreaturen verbunden zu fühlen. Sicher kennen Sie aus Filmen die erstaunliche Fähigkeit von Indianern, beim Pirschen so mit der Natur zu verschmelzen, dass selbst die scheuen Tiere nicht von ihnen aufgeschreckt werden.

ACHTSAMKEITSÜBUNG:

Pirschen wie die Indianer

Vorüberlegungen:

Sie können die Übung für sich allein, aber auch zusammen mit anderen machen. Wählen Sie für die Pirsch ein Areal naturbelassenen Waldbodens abseits größerer Wanderwege, wo Sie ungestört sind. Wenn die Jahreszeit und die Temperaturen es zulassen, dann probieren Sie das Pirschen auch einmal barfuß. So können Sie den Boden unter ihren Füßen besser wahrnehmen und sich lautloser fortbewegen. Zur lautlosen Fortbewegung gehört natürlich auch das konsequente Schweigen. Kinder finden das gemeinsame Pirschen besonders aufregend und erkunden dabei ganz still und achtsam die Natur.

Durchführung:

- Sammeln Sie Ihre Gedanken. Spüren Sie im Stehen den Kontakt der Füße zum Boden.
- Gehen Sie nun einen ersten kleinen Schritt und schauen Sie wachsam auf den Boden, der vor Ihnen liegt.

- Setzen Sie den Fuß behutsam auf – erst mit der Außenseite, und dann lassen Sie ihn langsam und ganz sacht nach innen abrollen.
- Bevor Sie nun das ganze Gewicht auf den Fuß legen, schauen und spüren Sie, ob auch keine Zweige, Blätter oder Steine unter Ihrem Fuß liegen, die Krach machen könnten, oder Käfer oder andere Kleintiere, die Ihr Fuß zertreten könnte, und belasten erst dann den Fuß mit Ihrem Körpergewicht.
- Wenn Sie kleine Schritte machen, dann können Sie das Gleichgewicht besser halten.
- Halten Sie während des Pirschens immer wieder inne und erkunden Sie mit Augen und Ohren die Gegend um sich herum. Gut möglich, dass Sie Tiere entdecken können, die Sie sonst nicht zu Gesicht bekämen.
- Gehen Sie aufmerksam in dem Bewusstsein: „Ich bin Leben inmitten von Leben ...“

Hören

Schweige und höre, neige deines Herzens Ohr,
suche den Frieden.

NACH BENEDIKT VON NURSIA (480–547)

Die menschliche Wahrnehmung der Wirklichkeit, und besonders auch der Natur, ist wesentlich durch das Sehen bestimmt. Wir sind vor allem visuell ansprechbar und reagieren vorzugsweise auf optische Reize. Kommunikation in der Mediengesellschaft geschieht als Information oder Interaktion (Social Media), aber auch als Werbung und Unterhaltung (Internet, Fernsehen usw.) wesentlich über das Sehen. Während wir uns den optischen Reizen zeitweise entziehen können, indem wir die Augen schließen, ist das beim Hören nicht so einfach möglich. Fast unaufhörlich dringen Geräusche an unser Ohr, denen wir nicht einfach entfliehen können, indem wir die Ohren zumachen. Hier liegt ein großes Problem, das die Gesundheit vieler Menschen gefährdet und ein enormer Stressfaktor ist. Deshalb suchen viele Menschen gerade in der Natur die Ruhe. Sie freuen sich über die ganz andere Geräuschkulisse, die die Natur ihnen bietet: das Zwitschern der Vögel, das Plätschern des Baches, das Rauschen des Windes in den Bäumen usw.

Das Hören ist der erste Sinn, den ein menschliches Wesen entwickelt. Noch vor dem Fühlen, Schmecken, Riechen und Sehen steht das Hören. Das Ungeborene nimmt im Mutterleib durch die Fruchtblase und Bauchdecke der Mutter hindurch vielfältige Geräusche wahr. Neben vielen, die ihm vielleicht Angst machen, hört es die Stimme der Mutter, die beruhigt und Beziehung schafft. Ärzte und Hebammen fordern werdende Mütter immer wieder auf, schon während der Schwangerschaft möglichst oft mit ihrem ungeborenen Kind zu sprechen. Denn das Ungeborene hört und filtert sozusagen aus dem Kosmos der Geräusche immer wieder die beruhigende Stimme der Mutter heraus. Nach der Geburt, wenn die Welt beängstigend laut auf das Baby zukommt, ist es die Stimme der Mutter, die jetzt vom Kind wiedererkannt wird und beruhigend wirkt. Auch für die weitere Entwicklung des Säuglings und des heranwachsenden Kindes ist es sehr wichtig, dass Menschen, vorzugsweise seine engsten Bezugspersonen, mit ihm reden. Neben allen taktilen Kontakten entstehen Vertrauen und Beziehungsfähigkeit vor allem über das Reden und Hören.

ACHTSAMKEITSÜBUNG:

Hören

Vorbereitung:

Als Ort für diese Übung eignet sich besonders gut ein Wald oder Park. Beginnen Sie wieder mit einer kurzen Lockerungsübung (s.o.). Achten Sie auf einen guten Stand und spüren Sie, wie das Gewicht Ihres Leibes auf den Füßen ruht, die es an den Boden abgeben. Sie sind jetzt gut geerdet.

Durchführung:

- Schließen Sie die Augen und seien Sie in den nächsten Minuten „ganz Ohr". Richten Sie Ihre ganze Aufmerksamkeit nur auf das Hören. Lauschen Sie aufmerksam und nehmen Sie das Konzert der Töne und Geräusche wahr, das an Ihre Ohren dringt. Die nahen Töne, ganz deutlich vernehmbar, aber auch die fernen Geräusche. Sie nehmen die Geräuschkulisse wahr, ohne die einzelnen Töne zu identifizieren und zu bewerten.
- Nun hören Sie auf ein bestimmtes Geräusch und filtern es aus dem Gesamtklang heraus – das

Zwitschern eines bestimmten Vogels oder ein vorbeifahrendes Auto in der Ferne oder … Fokussieren Sie Ihren Hörsinn ganz auf dieses eine Geräusch. Vermeiden Sie alles reflexive Denken und Fragen. Bleiben Sie ganz im gegenwärtigen Lauschen. Wenn sich störende Gedanken einstellen, die Sie von Ihrer Aufgabe ablenken, und Sie es merken, kehren Sie zu Ihrer Aufgabe zurück. Nach einer Weile können Sie Ihre Aufmerksamkeit einem anderen Geräusch widmen und es in der gleichen Achtsamkeit verfolgen.
- Lauschen Sie abschließend noch einmal dem Konzert der „Waldmusik“ und genießen Sie es, einfach da zu sein und zu hören.

Nach der Beendigung dieser Übung können Sie noch ein wenig darüber nachdenken bzw. meditieren, was diese Achtsamkeitsübung des Hörens für Ihr Leben insgesamt und für die Kommunikation mit der Transzendenz bzw. Gott bedeuten kann.

Viele Stimmen dringen ständig an unser Ohr und buhlen um unsere Aufmerksamkeit: Versprechen eines glücklichen Lebens beim Kauf und Konsum eines bestimmten Produktes oder bei der Befolgung kluger Ratschläge eines bestimmten Lifestyle-Konzeptes. Die Androhung von Katastrophen bei non-konformem Verhalten usw. Immer wieder taucht daher in uns die Frage auf: Was ist hier wichtig? Welcher Stimme kann ich vertrauen? Wohin führt mein Weg? Ob es uns gelingt, aus der Vielzahl der Stimmen die *eine* herauszuhören, der wir vertrauen können? Im längeren Hinhören können wir vielleicht den Anruf Gottes hören (wie die Stimme der Mutter), der Orientierung und Kraft schenkt und dem wir im Leben wie im Sterben vertrauen dürfen. Offenbar kann man hören und doch das wirklich Wichtige überhören. „Wer Ohren hat, der höre!" (Matthäus 11,15; 13,9), mahnt Jesus und weist daraufhin, dass man wichtige Lebensbotschaften vor allem mit dem Herzen richtig hört.

So kann diese einfache Achtsamkeitsübung des Hörens Meditierende nicht nur zur Ruhe bringen, sondern darüber hinaus tiefe Fragen und Dimensionen des Lebens aufschließen und mit dem Göttlichen in Kontakt bringen.

Einswerden

Wo ich gehe – Du,
Wo ich stehe – Du.
Du, Du,
wieder Du,
Du, Du, Du.
Ergeht's mir gut – Du.
Wenn's weh mir tut – Du.
Du, Du,
wieder Du,
immer Du,
Du, Du, Du.
Himmel – Du,
Erde – Du,
Oben – Du,
Unten – Du.
Wohin ich mich wende,
an jedem Ende – nur Du,
wieder Du,
immer Du,
Du, Du, Du.[20]

MARTIN BUBER (1878–1965)

Ging es bisher um die Verbundenheit aller Kreaturen untereinander und mit ihrem Schöpfer, so soll es jetzt um das Einswerden gehen. Um diese mystischen Verschmelzungen in und mit der Natur zu vollziehen, braucht es den kontemplativen Blick der Achtsamkeit. Um sich auf sie einzulassen, braucht es Demut und Gelassenheit.

Johannes beschreibt in seinem Evangelium innergöttliche Prozesse des Einswerdens des Vaters mit dem Sohn, aber auch in den Beziehungen der Menschen untereinander und zu Gott. Am Anfang seines Evangeliums bezeugt er, dass Jesus Christus „das eine Wort Gottes ist, das am Anfang bei Gott war. Alle Dinge sind durch dasselbe gemacht, und ohne dasselbe ist nichts gemacht, was gemacht ist. In ihm war das Leben, und das Leben war das Licht der Menschen" (Johannes 1,2–4). Das ist die Vorstellung des präexistenten Christus, der bereits bei der Schöpfung der Welt zusammen mit dem Vater gewirkt hat und seitdem die in ihm verborgene und verbindende Kraft ist, die den ganzen Kosmos erhält. Dieses göttliche Wort war und ist ganz unmittelbar schöpfungsmächtig. Es bewirkte, was es ansagte. „Und Gott sprach: Es werde Licht! Und es ward Licht" (1. Mose 1,3).

Johannes bezeugt weiter, dass Jesus Christus, das göttliche Wort, Fleisch geworden ist, unter uns wohnte und wir seine Herrlichkeit sahen (Johannes 1,14). Das ist das Geheimnis der Inkarnation, der Menschwerdung Gottes in Jesus Christus durch Maria, wie wir es zu Weihnachten feiern. Dieses Geheimnis ist wieder eine Manifestation des Wortes Gottes in der Kreatur, diesmal in der Geburt Jesu durch Maria. Als der Engel Gabriel zu Maria kommt und ihr die unglaubliche Nachricht bringt, dass sie einen Sohn gebären werde und dieser der Sohn des Höchsten sei, fragt sie ängstlich, wie das geschehen könne, da sie doch von keinem Mann wisse. Da antwortet der Engel Gabriel: „Bei Gott ist kein Ding (griechisch: *rhema*, auch mit „Wort" zu übersetzen) unmöglich" (Lukas 1,37) oder anders ausgedrückt: „Bei Gott ist kein Wort ohnmächtig." „Rhema" ist im Lukasevangelium das schöpferische und geschichtsmächtige Wort Gottes, das bewirkt, was es sagt (vgl. 1. Mose 1). Somit ist das göttliche Wort nicht nur Information über ein künftiges Geschehen, sondern zugleich Schöpfungswort, durch das Maria schwanger wird. Ihr Empfangsorgan ist das Ohr, wie es auf vielen mittelalterlichen Bildern der Verkündigungsszene dargestellt wird. Das ist eine hochinteressante spirituelle Wahrheit, dass man durch das Hören schwanger werden kann von Gott. „Mir geschehe, wie du gesagt hast", mit diesen Worten willigt Maria in dieses Geschehen ein, ist sie selbst das große Ja, das die Menschheit für alle Zeiten braucht, damit Christus zur Welt kommen kann. Sogar Paul McCartney hat diese Idee in seinem Song „Let It Be" unsterblich gemacht, auch wenn er dabei zuallererst seine eigene Mutter gemeint hat: „Mother Mary comes to me, speaking words of wisdom: ‚Let it Be'."

So ist Maria das Bild der eigenen Seele, der Archetyp dafür, wie man Christus, das göttliche Wort, empfangen, mit ihm schwanger gehen und zur Welt bringen kann.[21] „Wenn Christus und Jesus die Archetypen des Handelns Gottes sind, dann ist Maria der Archetyp dafür, wie man das empfangen kann, was Gott tut, und wie man es anderen weitergeben kann.“[22] Let it be, lass es zu, was Gott durch dich tun will.

Einswerden mit der Kreatur und Einswerden mit dem Schöpfer ist schließlich mehr als Verbundenheit. Einswerden ist gegenseitige Durchdringung. Der Evangelist Johannes sieht diese Einheit begründet in der innergöttlichen Einheit des Vaters mit dem Sohn. „Ich und der Vater sind eins“, bekennt Jesus, und er betet im hohepriesterlichen Gebet in seinen Abschiedsreden, „dass sie alle eins seien. Wie du, Vater, in mir bist und ich in dir, so sollen auch sie in uns eins sein“ (Johannes 17,21). Als Bild dieser Einheit nutzt Jesus ein Bild aus der Natur, das Gleichnis vom Weinstock: „Ich bin der Weinstock, ihr seid die Reben. Wer in mir bleibt und ich in ihm, der bringt viel Frucht; denn ohne mich könnt ihr nichts tun“ (Johannes 15,5), und er verspricht: „Wenn ihr in mir bleibt und meine Worte in euch bleiben, werdet ihr bitten, was ihr wollt, und es wird euch widerfahren“ (Johannes 15,7).

In der folgenden Übung lade ich Sie ein, durch bewusstes Atmen, verbunden mit einem kurzen ständig zu wiederholenden (mantrischen) Gebet, in eine intensive, kontemplative Beziehung mit dem Schöpfer in der Natur zu treten. Die Worte entstammen dem bereits erwähnten Lied von Gerhard Tersteegen „Gott ist gegenwärtig" (Strophe 5). Ob Sie dabei eine Erfahrung der Einheit und gegenseitigen Durchdringung mit Gott machen, bleibt unverfügbar, wie jede religiöse Erfahrung.

ACHTSAMKEITSÜBUNG:

Ich in dir, du in mir

Vorbereitung:

Suchen Sie sich einen ungestörten Platz in der Natur. Beginnen Sie mit einer Lockerungsübung (s.o.). Sie können die Übung im Sitzen, Stehen oder Liegen machen.

Durchführung:

- Nehmen Sie Ihren Atem wahr, sein Kommen und Gehen. Atmen Sie ruhig und gelassen in Ihrem Rhythmus: einatmen - kurze Pause - ausatmen, einatmen - kurze Pause - ausatmen ...
- Atmen Sie dabei durch die Nase und spüren Sie, wie beim Einatmen kühle Luft durch Ihre Nasenflügel einströmt und dann erwärmt wieder aus der Nase ausströmt. Seien Sie mit Ihrer Aufmerksamkeit ganz bei den Nasenflügeln.

- Beobachten Sie so in den nächsten Minuten nur den Atem und nehmen Sie sich vor, keinen Atemzug zu verpassen.
- Verbinden Sie nun die Worte des Gebetes sanft mit Ihrem Atem: „Ich in dir“ (ausatmen), „du in mir“ (einatmen). Wiederholen Sie diese Worte in der Verbindung mit Ihrem Atem immer wieder. Wenn Ihnen das nicht gelingt und Sie merken, dass Sie zerstreut und von Ihrer Aufgabe abgelenkt werden, ärgern Sie sich nicht und beginnen Sie wieder von Neuem.
- Denken Sie nicht darüber nach, was diese Worte bedeuten könnten, beten Sie einfach immer wieder: „Ich in dir, du in mir ...“

Man nennt so ein auf ein Wort oder kurzen Satz reduziertes, mantrisches Gebet auch „Ruhegebet“, weil sich im Vollzug ein innerer Friede, eine große Ruhe und Gelassenheit einstellen können. Ein anderer Name für diese Gebetsform ist „Herzensgebet“, weil die dabei verwendeten Worte nach längerem Üben und Ausprobieren eventuell zu einem zentralen Herzenswort der Meditierenden geworden sind.

Lehrmeisterin Natur

Glaube mir, denn ich habe es erfahren,
du wirst mehr in den Wäldern finden als in den Büchern;
Bäume und Steine werden dich lehren,
was du von keinem Lehrmeister hörst.

BERNHARD VON CLAIRVAUX (1090–1153)

Naturpädagogik beginnt heute bereits im frühen Kindesalter. Sie gehört zur Umweltpädagogik, deren Bedeutung in den letzten Jahrzehnten zunehmend wächst. In einer veränderten Kindheit, die geprägt ist durch massiv gestiegene Nutzung von Medien, steigendes Verkehrsaufkommen in Städten, weniger Bewegungsfreiheit und mehr Aufenthalt in geschlossenen Räumen, ist es das Ziel der Naturpädagogik, Kindern den Zugang zur Natur ausgedehnt, regelmäßig und fantasievoll zu ermöglichen. Naturbegegnungen fördern die gesunde und ganzheitliche Entwicklung der Kinder, denn die Natur bietet all das, was Pädagogen in geschlossenen Räumen versuchen zu kreieren: Erfahrungen für alle Sinne, vielfältige Reize, motorische Herausforderungen, Impulse und Anregungen zum eigenständigen Erforschen und ein sich ständig veränderndes, aber immer wiederkehrendes Umfeld. Immer mehr Waldkindergärten sind im Entstehen, wo Kinder den größten Teil des Tages mit freiem Spiel im Wald verbringen und wo die Natur bewusst oder unbewusst zur Lehrmeisterin wird. Im spielerischen Umgang kann man sich so mit ihr vertraut machen.

Auch für Jugendliche und Erwachsene gilt, dass eigene Naturbegegnungen eine wichtige Grundlage für ein Engagement beim Umweltschutz sind. Wer selbst die Schönheit und den Reichtum der Natur erlebt hat, weiß ihre Bedeutung für den Menschen meist mehr zu schätzen und ist deshalb auch eher willens, sich für ihren Schutz einzusetzen. Eine wesentliche Aufgabe der Naturpädagogik ist die Förderung von bewusstem Naturerleben. Das intensive Erleben natürlicher Kreislaufprozesse fördert das Vertrauen in die Sinnhaftigkeit des Daseins und ermöglicht die Erfahrung von Ganzheit und Verbundenheit mit allem Lebendigen. Im bewussten Naturerleben allein und zusammen mit anderen werden Beziehungsfähigkeit, Empathie und Motivation zum Handeln gestärkt. Im Kontakt mit dem Schönen der Natur kann die Kreativität gefördert werden. Natur erforschen und Lebensräume kennen lernen regt das Staunen über die Vielfalt von Lebensformen an, fördert den Blick für Zusammenhänge und legt die Basis für ein achtsameres Verhalten im Alltag.

Dass die Natur zur Lehrmeisterin für gelingendes Leben werden kann, zeigen die Gleichnisse Jesu, wie sie in den Evangelien des Neuen Testaments aufgezeichnet sind. Wenn man auch sagen muss, dass das Christentum (wie auch das Judentum und der Islam) vor allem eine Buchreligion ist, so hat es seine Anschauungsobjekte und Medien vor allem in der Natur. Evangelium findet draußen statt! Fast alle Geschichten und Bilder der Gleichnisse vom Reich Gottes, die Jesus seinen Jüngern und dem Volk vor Augen führt, wurden von ihm im Vorübergehen beim Wandern durch die galiläische Landschaft aufgegriffen und dienten der Deutung der Geheimnisse des Reiches Gottes und als Anweisung zu einem geistlichen Leben. Zum Beispiel das Gleichnis von der selbstwachsenden Saat, das Jesus vermutlich erzählte, als er mit seinen Jüngern an einem Feld vorbeikam, wo ein Bauer gerade säte:

„Mit dem Reich Gottes ist es so, wie wenn ein Mensch Samen aufs Land wirft und schläft und steht auf, Nacht und Tag; und der Same geht auf und wächst – er weiß nicht wie. Von selbst bringt die Erde Frucht, zuerst den Halm, danach die Ähre, danach den vollen Weizen in der Ähre. Wenn aber die Frucht reif ist, so schickt er alsbald die Sichel hin; denn die Ernte ist da.“ *(Markus 4,26–29)*

Das Gleichnis nimmt nicht nur seine Bilder aus der Beobachtung der Natur, sondern stellt gleichzeitig die ruhige und unaufgeregte Haltung und Arbeit des Sämanns beispielhaft vor Augen. In großer Gelassenheit und Treue verrichtet er seine Arbeit und weiß, dass das Entscheidende, nämlich das Wachsen und Reifen der Saat, nicht in seiner Macht steht, sondern wie von selbst geschieht. So kann er gelassen warten, ruhen und schlafen, sich anderen Aufgaben zuwenden und wenn es Zeit ist, die Ernte einbringen. Die Botschaft des Gleichnisses ist: So wie die Saat wächst das Reich Gottes ohne unser Zutun im Verborgenen. Wenn wir getan haben, was uns aufgetragen wurde, dann können wir die Verantwortung loslassen und sie Gott überlassen.

In der Bergpredigt fordert Jesus seine Jünger auf, sich keine Sorgen um die Zukunft zu machen und, wie die Blumen auf dem Feld oder die Vögel unter dem Himmel, ganz im Augenblick zu leben. Dieser Abschnitt ist gleichsam eine Einweisung in die Haltung der Achtsamkeit:

„Sorgt euch nicht um euer Leben und darum, dass ihr etwas zu essen habt, noch um euren Leib und darum, dass ihr etwas anzuziehen habt. Ist nicht das Leben wichtiger als die Nahrung und der Leib wichtiger als die Kleidung? Seht euch die Vögel des Himmels an: Sie säen nicht, sie ernten nicht und sammeln keine Vorräte in Scheunen; euer himmlischer Vater ernährt sie. Seid ihr nicht viel mehr wert als sie? Wer von euch kann mit all seiner Sorge sein Leben auch nur um eine kleine Zeitspanne verlängern? Und was sorgt ihr euch um eure Kleidung? Lernt von den Lilien, die auf dem Feld wachsen: Sie arbeiten nicht und spinnen nicht. Doch ich sage euch: Selbst Salomo war in all seiner Pracht nicht gekleidet wie eine von ihnen. Wenn aber Gott schon das Gras so prächtig kleidet, das heute auf dem Feld steht und morgen ins Feuer geworfen wird, wie viel mehr dann euch, ihr Kleingläubigen! Macht euch also keine Sorgen und fragt nicht: Was sollen wir essen? Was sollen wir trinken? Was sollen wir anziehen? Denn um all das geht es den Heiden. Euer himmlischer Vater weiß, dass ihr das alles braucht. Euch aber muss es zuerst um sein Reich und um seine Gerechtigkeit gehen; dann wird euch alles andere dazugegeben. Sorgt euch also nicht um morgen; denn der morgige Tag wird für sich selbst sorgen. Jeder Tag hat genug eigene Plage.“ *(Matthäus 6,25–34)*

Es gibt viele gute Gründe, sich Sorgen zu machen. Um die eigene Gesundheit etwa, um das Wohlergehen unserer Lieben, um die Absicherung im Alter, um die vielen kleinen Dinge des Alltags. Aber wer sich Sorgen macht, der ist entweder von Erfahrungen der Vergangenheit beschwert und belastet, oder er ist mit seinen Gedanken nur in der Zukunft. Beides hindert ihn daran, frei und unbeschwert im Augenblick zu leben. Ist das Leben nicht mehr als die Sorge um das Alltägliche? Der Mehrwert des Lebens verschließt sich den Sorgenden. Der Blick auf die Vögel am Himmel und die Lilien auf dem Felde kann den Horizont des kleinmütigen sorgenden Menschen weiten und ihn hinter allem den treusorgenden Vater im Himmel erkennen lassen.

Darüber hinaus macht Jesus deutlich, dass das Reich Gottes nur im gegenwärtigen Augenblick erfahrbar ist. Es ist ein Machtbereich, in dem Menschen frei von Sorge ganz im Jetzt sein dürfen. In der Übung der Achtsamkeit, mit der wir im Augenblick gegenwärtig sind – zum Beispiel in der Wahrnehmung unseres Atems oder im bewussten Gehen oder in der stillen Betrachtung der Wunder der Schöpfung –, können wir ebenfalls frei werden von dem Kummer der Vergangenheit und allen Ängsten bezüglich der Zukunft. Diese Freiheit erlaubt es, in die Wirklichkeit des Reiches Gottes einzutreten, denn das Reich Gottes ist Freiheit!

Wie die Natur zur Lehrmeisterin werden kann, lässt sich gut an der Betrachtung und Begegnung mit einem Baum aufzeigen. Es gibt seit alters her eine innige Beziehung zwischen Mensch und Baum. Deshalb ist auch das durch Trockenheit und Borkenkäferbefall verursachte Baumsterben der letzten Jahre für viele Menschen nicht nur aus rational-wissenschaftlichen Gründen alarmierend, sondern es geht ihnen sozusagen „an die Nieren", sie erleben es auch mental und körperlich schmerzlich.

Die folgende Übung ist eine Anleitung, einen Baum mit allen Sinnen zu erleben und zunächst einen emotionalen Zugang zu ihm zu gewinnen bzw. zu vertiefen.

ACHTSAMKEITSÜBUNG:

Mein Baum – von den Wurzeln bis zur Krone

Suchen Sie sich einen Baum, der Sie anspricht. Suchen Sie nicht angestrengt, sondern lassen Sie sich von ihm finden. Vielleicht haben Sie auch schon einen Lieblingsbaum, den Sie jetzt aufsuchen möchten.

Betrachten Sie ihn aus dem Abstand in seiner ganzen Größe und Schönheit von den Wurzeln bis zur Krone. Umschreiten Sie ihn langsam im Umfang seiner Krone. Das ist in etwa auch der Umfang seines verborgenen Wurzelwerkes.

Sehen Sie sich die Wurzeln an. Wie ist der Baum im Boden verwurzelt? Verfolgen Sie die oberirdisch sichtbaren Wurzeln, bis sie sich ins Erdreich eingraben, um ihm Halt zu geben und ihn mit Nährstoffen zu versorgen.

Schauen Sie sich den Stamm an: Wie sieht der tragende Stamm aus? Wie fühlt er sich an? Was sagt seine Rinde über ihn aus? Finden Sie Moos an ihm, Insekten, Verletzungen?

Wenn Sie möchten, umarmen Sie jetzt Ihren Baum. Wie fühlt sich das an?

Lehnen Sie sich mit dem Rücken an seinen Stamm und schauen Sie nach oben in seine Krone. Nehmen Sie nun mit dem Rücken Kontakt zu ihm auf und atmen Sie mit dem Rascheln der Blätter und spüren Sie die Ruhe, die von ihm ausgeht. Spüren Sie über den Rücken die Kraft, die Ihnen der Baum gibt.

Bleiben Sie noch eine Weile mit ihm in Kontakt, vielleicht wollen Sie sich setzen und sich bei ihm anlehnen. Lassen Sie nun Ihren Gedanken freien Lauf ... vielleicht können Sie mit ihm ins Gespräch kommen. Welche Botschaften hat er für Sie? Was möchten Sie ihm sagen?

Wenn Sie möchten, können Sie für sich oder mit anderen darüber nachdenken und diskutieren, warum Bäume so wichtig sind und was wir ihnen verdanken. Hier ein paar Stichworte für die *wissenschaftliche Annäherung:*

- Bäume sind *wertvolle CO_2-Speicher*, die der Atmosphäre Kohlendioxid entziehen und langfristig speichern und so der globalen Erderwärmung entgegenwirken.
- Bäume *regulieren den Niederschlag* und sind Teil des Wasserkreislaufes.
- Bäume *kühlen die Erde*, indem sie Schatten geben und zur Wolkenbildung beitragen.
- Bäume *reinigen die Luft*. Sie nehmen nicht nur CO_2, Kohlenmonoxid oder Schwefeldioxid aus der

Atmosphäre auf, sondern verwandeln diese Gase in wertvollen Sauerstoff.

- Bäume sind ein unverzichtbarer *Rohstofflieferant*. Ihr Holz dient seit jeher als Werkstoff für Häuser, Möbel, Dinge des täglichen Bedarfs usw. und als Brennstoff.
- Bäume und Wälder haben einen hohen Erholungswert und dienen der *Rekreation* des Menschen.
- Der Wald ist Lebensraum für eine noch artenreiche *Tier- und Pflanzenwelt.*

Bäume können in vielfacher Weise Lehrmeister für gelingendes Leben sein, das wurde bereits im emotionalen Zugang zu ihnen wie auch in der wissenschaftlichen Betrachtung deutlich. Der *kontemplative Blick* auf den Baum erschließt uns noch einmal eine andere tiefere Welt und lässt uns unsere tiefe Verbundenheit mit ihm und seine Botschaft an uns verstehen:

„Gesegnet ist der Mensch, der sich auf den Herrn verlässt und dessen Zuversicht der Herr ist. Der ist wie ein Baum, am Wasser gepflanzt, der seine Wurzeln zum Bach hin streckt. Denn obgleich die Hitze kommt, fürchtet er sich doch nicht, sondern seine Blätter bleiben grün; und er sorgt sich nicht, wenn ein dürres Jahr kommt, sondern bringt ohne Aufhören Früchte.“ *(Jeremia 17, 7–8, vgl. auch Psalm 1).*

ACHTSAMKEITSÜBUNG:

... der ist wie ein Baum

Vorbereitung:

Suchen Sie sich einen Platz im Wald oder auf einer Wiese (eventuell an einem Bach). Beginnen Sie mit einer Lockerungsübung im Stehen (s. o.). In der folgenden Übung geht es darum, sich in die Gestalt eines Baumes hineinzuversetzen und den Atem mit dem Energiefluss des Baumes zu verbinden.

Durchführung:

- Stehen Sie aufrecht und spüren Sie, wie das Gewicht Ihres ganzen Leibes von den Füßen getragen wird und diese es an den Boden abgeben.
- Überlegen Sie nun, mit welchem Baum Sie sich jetzt am liebsten identifizieren (z. B. Apfelbaum, Birke, Fichte, Buche, Eiche usw.). Wählen Sie einen aus, der jetzt zu Ihnen passt, und schlüpfen Sie im Geist in seine Gestalt.
- Beobachten Sie Ihren Atem, wie er kommt und geht. Richten Sie Ihre Aufmerksamkeit auf das

Ausatmen, atmen Sie immer wieder tief aus in Richtung Boden. Stellen Sie sich vor, wie der Atem durch Ihre Beine und Füße bis in den Boden fließt und wie der Baum, der Sie jetzt sind, im Boden Wurzeln bildet. Mit jedem tiefen Ausatmen in den Boden wächst das Wurzelgeflecht in die Breite und Tiefe.

- Schalten Sie Ihre Aufmerksamkeit jetzt um auf das Einatmen und ziehen Sie mit jedem Atemzug immer wieder Energie aus dem Boden. Mit jedem Einatmen fließt Kraft aus dem Boden über die Wurzeln und den Stamm (respektive Füße, Beine und Oberkörper) nach oben. Ihr Baum wächst langsam in die Höhe und bildet eine Krone aus.
- Spüren Sie nun, wie der Baum, der Sie sind, fest verwurzelt im Boden und zum Himmel offen dasteht. Spüren Sie, wie die Sonne auf ihn scheint und der Wind leise durch die Zweige und Blätter weht und wie sich die Vögel in seinen Ästen niederlassen und sich an seinen Früchten laben.
- Erinnern Sie sich an das Wort des Propheten Jeremia (s. o.): „Gesegnet ist der Mensch, der sich auf Gott verlässt ... der ist wie ein Baum am Wasser gepflanzt ... der sorgt sich nicht, wenn ein dürres Jahr kommt ... sondern bringt ohne Aufhören Früchte." Bleiben Sie eine Zeit lang mit konzentrierter Achtsamkeit im Bild des Baumes.

Denken Sie nicht nach, sondern fühlen Sie, spüren Sie die Kraft, die Sie durchströmt, und die Freude und Leichtigkeit, in der Sie frei und offen im Augenblick dort stehen.

- Beenden Sie die Übung, indem Sie vorsichtig die Füße nacheinander vom Boden lösen (sie sind ja im Bild eingewurzelt) und bewusst einen Schritt zur Seite treten. Verabschieden Sie sich von Ihrem Baum.

Kraftorte

Hier sind die starken Kräfte,
die unerschöpfte Macht;
das weisen die Geschäfte,
die seine Hand gemacht:
der Himmel und die Erde
mit ihrem ganzen Heer,
der Fisch unzähl'ge Herde
im großen wilden Meer.[23]

PAUL GERHARDT (1607–1676)

Vielleicht gibt es einen oder mehrere Orte in der Natur, die zu Ihren Lieblingsplätzen geworden sind, zu denen es Sie immer wieder hinzieht. Vielleicht ist es ein Ort mit einer schönen Aussicht, wo der Blick in die Weite schweifen kann und wo Sie Abstand von den alltäglichen Sorgen bekommen. Vielleicht ist es ein kleiner See im Wald, eine Bank, die zum Verweilen einlädt. Meistens können wir gar nicht so genau sagen, was uns dort anzieht.

Es gibt offenbar Orte, die eine besondere Kraft haben und die sich in ihrer Qualität von anderen Orten in der

Natur unterscheiden. Manche nennen sie auch „heilige Orte". Das müssen nicht unbedingt Kirchen, Wegkreuze oder Kapellen in der Landschaft sein, oft sind sie es, aber nicht immer. Manchmal ist es ein Baum, ein exponierter Stein, ein Berggipfel oder einfach eine Bank. „Heilig" sind diese Orte, insofern sie sich von den anderen Orten irgendwie abheben, etwas Besonderes sind und eine besondere Aura haben. Es sind Orte, wo man sich gern niederlässt, an denen eine gute Atmosphäre herrscht. Orte, an denen Menschen Ruhe und Besinnung, Sicherheit und Geborgenheit, aber auch Erweiterung finden, sich erden, aufladen und dadurch wieder Kraft schöpfen. Wo sie einen Kontakt zur Erde und Natur, zu sich selbst herstellen können. Energien starker Plätze und den Zauber, der von ihnen ausgeht, spüren fast alle. Die Frage ist nur, ob sie es sich eingestehen, weil die meisten das, was sie sich nicht logisch erklären können, erst einmal beiseiteschieben. Manche erleben und interpretieren diese Kräfte als religiöse Erfahrung und sprechen von Orten, wo das Heil, das Göttliche, das Sinnstiftende sich verdichtet, wo der Himmel offener ist als sonst und göttliche Kräfte fließen.

Der vorgeschichtliche Mensch begegnete seiner Umwelt viel persönlicher, wie ein Kind, das in Wolken und Bäumen Gesichter sieht, Dinge und Natur als belebt empfindet – wie wir es aus den Märchen kennen. Jeder Baum, jede Quelle hatte ihre Nymphe. Höhlen, Brunnen und Moorweiler führten in den Leib der Erde, zu den Unterirdischen, und auf den von Wolken umsäumten Berggipfeln trieben die Himmlischen ihr Wesen oder Unwesen.

Das Empfinden für diese „von Natur aus“ heiligen Plätze ist uns abhandengekommen. An Bächen, in denen keine Nymphen mehr wohnen, lassen sich gut Mühlen bauen. Die Aufklärung und in ihrem Gefolge auch die christliche Theologie, haben die Natur entmythologisiert, nicht zuletzt darum, um sich ihrer zu bemächtigen und nach Belieben über sie zu verfügen. Wir können und wollen das Rad nicht einfach zurückdrehen und Steine, Bäume, Quellen als Sitz diverser Gottheiten betrachten und diese anbeten. Doch unter uns wachsen wieder eine neue Achtung vor der Natur und das Bewusstsein, dass sie als Kreatur belebt und heilig ist und deshalb zu ehren und zu bewahren ist.

ACHTSAMKEITSÜBUNG:

Kraft aus der Erde

Vorbemerkung:
„Die Erde ist voll der Güte des Herrn“, so heißt es in Psalm 33,5. Die „Erde“, das ist der ganze Erdkreis, wie auch der Boden, auf dem Sie jetzt stehen. Er ist erfüllt und durchdrungen von der heilsamen Kraft und Güte Gottes, die so viel Gutes hervorbringt und Saat und

Früchte wachsen lässt. In der folgenden Übung verbinden wir uns im Atmen mit dieser Kraft und können spüren, wie sie auch uns durchströmt, belebt und erfrischt. Sie können diese Übung an Ihrem Lieblingsplatz (Kraftort) oder an jedem anderen Ort im Sitzen oder im Stehen durchführen.

Durchführung:

- Beginnen Sie mit einer Lockerungsübung (s. o.). Nehmen Sie Ihren Atem wahr und beobachten Sie eine gewisse Zeit lang, wie er kommt und wie er geht.
- Richten Sie Ihre Aufmerksamkeit auf das Einatmen, und ziehen Sie mit jedem Atemzug Kraft (Güte Gottes) aus dem Boden. Die ersten zehn Atemzüge nur bis zu den Fußsohlen.
- Die nächsten zehn Atemzüge aus dem Boden bis zu den Unterschenkeln ...
- Die nächsten zehn aus dem Boden bis zu den Oberschenkeln ...
- Die nächsten zehn aus dem Boden bis zum Becken
- Die nächsten zehn aus dem Boden bis zum Herz ...
- Die nächsten zehn aus dem Boden durch den ganzen Körper bis über den Kopf hinaus ...
- Güte Gottes, Kraft aus dem Boden durchströmt Sie.

Vier Pfade

Merke auf! Steh still und betrachte die Wunderwerke Gottes!

HIOB 37,14

Unter dem Titel „Waldexerzitien" habe ich im Kloster Germerode ein Wochenende durchgeführt, das sich an den vier Pfaden der Schöpfungsspiritualität des US-amerikanischen Priesters und Theologen Matthew Fox (*1940) orientierte, die einen interessanten, ganzheitlichen Zugang zur Natur ermöglichen. Fox hat in seiner Schöpfungsspiritualität Gedanken des mittelalterlichen Mystikers Meister Eckhart aufgenommen und für unsere Zeit fruchtbar gemacht. Von diesen Exerzitien möchte ich an dieser Stelle berichten:

Der erste Pfad (*via positiva*) lud dazu ein, sich auf die Fülle und Schönheit der Schöpfung einzulassen. Die Teilnehmerinnen hatten etwa anderthalb Stunden Zeit, um allein in der Natur unterwegs zu sein, in der achtsamen Haltung des sich verbunden Fühlens mit der Schöpfung – wie ein Kind im Staunen. Ein kurzer biblischer Impuls aus 1. Mose 1: „Siehe, es ist sehr gut!“, und aus Hiob 37,14: „Merke auf, steh still und betrachte die Wunderwerke Gottes!“, begleitete sie auf dem Weg. Nach der Rückkehr im Tagungshaus hatte jeder zwei Minuten Zeit, um von seinen Erlebnissen zu erzählen. Es waren vor allem Erfahrungen des Glücks und einer tiefen Dankbarkeit, mit der die Teilnehmerinnen zurückkamen und von denen sie berichteten. Diese Erzählungen wurden von den Leitern gespiegelt und dadurch gewürdigt und wertgeschätzt.

Der zweite Pfad (*via negativa*) lud ein, sich in der Wahrnehmung und Betrachtung der Wunden der Natur und im Mitfühlen ihrer Schmerzen, eigener Schatten, Verletzungen, Leiden und Trauerns zu stellen. Nach ihrer Rückkehr nach weiteren anderthalb Stunden hatten sie wieder Gelegenheit, kurz von ihren Beobachtungen und Erlebnissen zu berichten, die dann wiederum von den Leiterinnen gespiegelt wurden. Eigene Erfahrungen des Trauerns, Abschiednehmens und Sterbens und Gedanken über die Begrenztheit des Lebens waren wichtige Themen.

Leider kommen in Anleitungen zur Betrachtung und Begegnung mit der Natur gerade die dunklen und schweren Dinge, die Trauer und Schmerz auslösen, selten zur Sprache. Sie werden oft ausgeblendet, obwohl sie ja nicht zu übersehen sind. Durch Borkenkäferbefall verursachtes Baumsterben oder das eine weltweite Pandemie auslösende Corona-Virus und andere Mutationen, die uns bedrohen und vielen Menschen den Tod gebracht haben, sind ja ein Teil der Natur, die uns in diesem Fall nicht hilfreich entgegenkommt, sondern menschliches Leben gefährdet und zerstört. Die Natur ist dem Vergehen und der Zerstörung ausgesetzt und setzt aus sich heraus auch solche Prozesse frei. Wir suchen in ihr gern das Schöne und Gute und begegnen in ihr aber auch dem Verfall und der Zerstörung, dem Gesetz des Fressens und Gefressenwerdens. Wie der Mensch leidet und seufzt, leidet und wartet die Natur auf ihre Erlösung (Römer 8). Aber auch diese Beobachtung und Feststellung gehören zum achtsamen Wahrnehmen dessen, was ist, und sind gleichnisfähig für menschliches Leben.

Beim dritten Pfad (*via creativa*) ging es im Aufnehmen und Verarbeiten der ersten beiden Pfade darum, selbst kreativ zu werden. In einem Gottesdienst mit Abendmahl in der Natur zum Thema: „Gott spricht: Siehe, ich will ein Neues schaffen, jetzt wächst es auf, erkennt ihr's denn nicht?" (Jesaja 43, 19a), brachten die Teilnehmerinnen von ihrem halbstündigen Soloweg durch den Wald einzelne symbolträchtige Gegenstände zum Thema mit. Indem sie von ihren Beobachtungen und Erfahrungen berichteten, gestalteten sie durch ihre Beiträge die Predigt. Zur Gabenbereitung wurden die mitgebrachten Gegenstände neben Brot und Wein auf ein Tuch gelegt und gesegnet und damit der eucharistischen Wandlung anheimgegeben. In Dank und Fürbitte wurden Beobachtungen und Erfahrungen der *via positiva* und *negativa* vor Gott gebracht. Der Segen und die Sendung am Schluss des Gottesdienstes leiteten dann zum vierten Pfad, der *via transformativa,* über.

Der vierte Pfad ermutigte die Teilnehmerinnen, sich aus der Verbundenheit mit allem Leben, für das Wohlergehen der Natur, für Gerechtigkeit, Frieden und Bewahrung der Schöpfung einzusetzen und im Spannungsfeld von Allmachts- und Ohnmachtsfantasien das Mögliche im Hier und Jetzt zu tun.

Geben und nehmen

Geben ist seliger denn nehmen.

SPRICHWORT

Leben ist nichts Abstraktes. Leben vollzieht sich phänomenologisch im sozialen Austausch: im Geben und Nehmen der Menschen untereinander, aber auch mit der Natur und mit Gott. Leben ist Gabentausch. Unser Leben ist durchzogen von einem unaufhaltsamen Strom von Geben und Nehmen, manchmal gestört und unterbrochen, aber in seiner Kraft so stark, dass er nicht aufzuhalten ist. Das lernt und weiß schließlich jedes Kind, dass man nicht immer nur nehmen kann, ohne zu geben. So funktioniert alltägliche Kommunikation: Wer immer nur nimmt und nicht auch gibt, der isoliert sich und fällt aus der Gemeinschaft.

„Geben", so sagt das Sprichwort, „ist seliger denn nehmen." Es gibt unter uns begnadete und begeisterte Geberinnen und Geber. Sie geben gern und reichlich und haben dabei keine Angst, ärmer zu werden oder zu verlieren. Sie wissen (aber kalkulieren es nicht schon ein), dass, wer reichlich gibt, auch reichlich empfängt. Manche von ihnen müssen allerdings auch das Nehmen lernen, sonst wird der Gabentausch als Fluss des Lebens unterbrochen.

Dass die Natur und in ihr der Schöpfer uns mit ihren Gaben täglich und überreich beschenkt, ist jedem, der sich offenen Auges in ihr bewegt, deutlich erkennbar und erfüllt uns mit Dankbarkeit. Wie können wir uns als Beschenkte ihr gegenüber dankbar und erkenntlich zeigen und ihr unsererseits etwas geben?

Unsere vorchristlichen Ahnen hatten in ihrer Dankbarkeit für die reichen Gaben der Natur den Wunsch, ihr etwas zurückzugeben und brachten deshalb an ihren Kultplätzen Opfergaben dar. Diese Opfer waren die freudige und natürliche Hingabe bzw. Rückgabe eines Teils der Fülle, die ihnen geschenkt worden war. Wir können in der Gabenbereitung, der Darbringung von Brot und Wein, in der christlichen Abendmahls- bzw. Eucharistiefeier und in dem mit Erntegaben geschmückten Altar beim Erntedankgottesdienst einen archaischen Rest jener alten Opferpraxis finden, ohne die kein menschliches Zusammenleben, aber auch keine Religion funktionieren. Wer wie unsere Ahnen zyklisch und mit der Natur verbunden lebt, weiß, dass man nicht nehmen kann, ohne zu geben. Dass man auch in der finanziellen Unterstützung von Umweltprojekten der Natur etwas (zurück)geben kann, ist Teil des Gabentausches und offensichtlich.

Dieser einfache Vorgang des Gabentausches mit der Natur, bzw. des in ihr wirkenden Schöpfers, ist in seiner Deutung für viele aufgeklärte und theologisch denkende Zeitgenossen ein fremder, magischer Gedanke. Dass man mit der Natur bzw. mit der in ihr wirkenden Gottheit in einen Gabentausch treten kann, der zugleich als Opfer, als eine alte religiöse Kommunikationsform fungiert, erscheint vielen fremd und abwegig.

Freilich, die vorchristliche Opferpraxis hatte auch ihre Schattenseiten. Mit den dargebrachten Opfern (manchmal auch Menschenopfern) wollte man auch die zornige Gottheit gnädig stimmen und sie prophylaktisch für eine gute Ernte gewinnen. Die ganze unsichtbare und sichtbare Welt war ja in der Vorstellung der Ahnen von verschiedenen Gottheiten besetzt, die für gelingendes Leben in ganz unterschiedlichen Belangen zuständig waren. Für die Fruchtbarkeit der Felder, Wiesen und Wälder waren weibliche Muttergottheiten zuständig, die besänftigt, beschworen, animiert oder auch belohnt werden mussten. Hier hatte die christliche Lehre von dem einen Schöpfergott und die damit verbundene Entgötterung der Natur befreiend und erlösend gewirkt.

Was bleibt für uns zu tun? Wenn Natur nicht einfach nur tote Materie, sondern belebte, von Gott geschaffene und durchwirkte Kreatur ist und wir unauflöslich mit ihr verbunden sind, dann können wir mit ihr kommunizieren, wissend, dass wir im Gabentausch in einer lebendigen

Beziehung des Gebens und Nehmens mit ihr stehen. Ihr etwas zu geben, könnte heißen: ihr zunächst Achtung und Respekt zukommen zu lassen (Ehrfurcht vor dem Leben). Sodann im Umgang mit ihr Achtsamkeit zu üben, sie zu pflegen, zu bebauen und zu bewahren. Und schließlich von ihren Gaben (beispielsweise Rohstoffen) nur so viel zu nehmen, dass sie sich wieder regenerieren kann.

Anverwandlung

Und Gott pflanzte einen Garten in Eden gegen Osten hin und setzte den Menschen hinein …, dass er ihn bebaute und bewahrte.

1. MOSE 2,8.15

Aufatmend in der Natur unterwegs zu sein, heißt, in Resonanz mit ihr zu sein, mal mehr, mal weniger. Für den Soziologen Hartmut Rosa ist die Natur ein Weltausschnitt – wie auch die Religion, die Kunst und die Geschichte –, zu dem der Mensch in einer vertikalen Resonanzachse in Beziehung steht. Durch sie können mehr oder weniger starke Resonanzen wie Energieströme fließen. Die Resonanzachsen können wie Drähte glühen und vibrieren oder ganz verstummen. Manches lässt sich in diesem Prozess beeinflussen, vieles ist aber auch unverfügbar.

Resonanz ist eine durch Affizierung und Emotion konstituierte Form der Weltbeziehung, in der Subjekt und Welt in einer Antwortbeziehung mit je eigener Stimme sprechen und sich so gegenseitig berühren und zugleich transformieren. In diesem Prozess kann keine Seite die bleiben, die sie ist. Beide verändern sich in der Begegnung. Grundsätzlich gilt, dass Resonanzbeziehungen unverfügbar sind.[24]

Dem durchaus wachsenden gesellschaftlichen Umwelt*bewusstsein*, das von der Sorge über zunehmende Umweltzerstörung geprägt ist, entspricht leider kein entsprechend angepasstes Umwelt*handeln* der Menschen. „Die ästhetisch-kontemplative Rezeption und die aktivisch-produktivistische Bearbeitung, Berechnung und Vernutzung der Natur bleiben so weiterhin unvermittelt und unvereinbar nebeneinander bestehen.“[25] Am deutlichsten wird dieser Widerspruch an unserem Umgang mit Tieren. Als Haustiere haben wir eine hochempathische Beziehung zu ihnen, stehen sie oftmals im Rang von Familienmitgliedern und bilden so eine intensive familiale Resonanzquelle. Auf der anderen Seite werden sie als Nutztiere in den Zucht-, Mast- und Schlachtanlagen und in der wissenschaftlichen (und oft auch kosmetischen) Forschung jährlich hunderttausendfach zu Tode gequält und auf beispiellose Weise verdinglicht. Es ist erstaunlich, wie empathieresistent viele Menschen damit umgehen und diese Resonanzachse einfach verstummt. Der Tierschutz und damit unser Ernährungsverhalten bedürfen in Zukunft einer grundlegenden Reform. Es schreit zum Himmel, was dort passiert. Wie das gemeinsame Leben und die Nutzung von Tieren im Sinn einer gegenseitigen Anverwandlung aussehen könnte, kann an dieser Stelle nicht weiter entfaltet werden.

Zur gegenseitigen Berührung und zur Transformation von Mensch und Natur gehört, dass wir die Natur nicht nur ästhetisch-kontemplativ betrachten und sie als Gegenwelt zur Alltagswelt genießen und konsumieren dürfen, sondern dass wir uns ihr auch ökologisch und politisch handelnd und gestaltend verantwortlich zuwenden und somit *anverwandeln.* Das geschieht gesamtgesellschaftlich bei Weitem nicht in dem Maß, wie es nötig wäre. Anverwandlung bedeutet eben nicht Aneignung. Das wäre eine einseitige, objektbezogene, konsumistische Vernutzung und Beherrschung der Natur. „Anverwandlung" bedeutet, dass sich beide Seiten, Mensch und Natur, durch einen gegenseitigen Prozess der Transformation verwandeln und verwandelt werden.

Wie könnte eine aktive Anverwandlung von Natur ganz praktisch aussehen? Ein erster Schritt könnte sein, dass wir vom freien Spiel der Kinder in der Natur lernen. Wir erinnern uns vielleicht an Szenen aus der eigenen Kindheit, als wir durch Gärten, Felder, Wald und Wiesen gestreift sind und mehr oder weniger assoziativ, gezielt oder zufällig, uns dem, was wir an Naturmaterialien vorfanden, im Spielen und Gestalten zugewandt haben. Dies war für uns Kinder Abenteuer pur, ein ungeheuer spannender und kreativer Prozess des Begreifens und der Anverwandlung von Natur. Vermutlich haben Kinder heute im digitalen Zeitalter weniger Anlass, Freiheiten und Mut zu solchen selbst organisierten Naturexpeditionen. Aber es gibt in Kindergarten, Grundschule, Gemeinde oder Familie viele Gelegenheiten, Kindern und Erwachsenen zusammen Raum und Zeit in der Natur zu geben, in denen sie im freien Spiel oder angeleitet Natur begreifen, gestalten und sich anverwandeln können. Im freien Spiel an einem Bach wird die Fantasie von ganz allein angeregt und es entstehen kleine Miniaturlandschaften und -gebäude aus Stöcken, Erde und Steinen oder ganz andere Dinge. Oder Kinder und Erwachsene gestalten zusammen im Wald ein Mandala oder Kunstwerk mit Naturmaterialien.

ACHTSAMKEITSÜBUNG:

Mandala aus Naturmaterialien

Vorbereitungen:
Suchen Sie einen geeigneten Platz im Wald, wo sich im näheren Umkreis vielfältige Naturmaterialen (Blätter, Stöcke, Steine, Kastanien, Eicheln, Zapfen usw.) finden lassen. Sie können die Formen des Mandalas (Kreise, Flächen usw.) schon mit Schnüren vorlegen. Neben dem Kreis sind natürlich auch andere Formen wie Spirale, Schnecke oder Labyrinth möglich. Denkbar sind aber auch die Umrisse eines einfachen Tieres oder

einer Pflanze. Vielleicht findet sich die Form auch erst spontan im gemeinsamen Legen des Mandalas.

Durchführung:

- Den Teilnehmenden wird die Struktur und der Aufbau des Mandalas erklärt und die gemeinsame Gestaltung von der Mitte her erläutert.
- Die Teilnehmenden schwärmen aus und suchen und sammeln im Schweigen verschiedene Naturmaterialien.
- Die Materialien werden nun im Schweigen gemeinsam angeordnet und zwar in die vorgelegten Flächen von innen nach außen mit jeweils nur einem Naturmaterial, z. B. in der Mitte nur Früchte, in die anderen Flächen oder Kreise z. B. immer gleichfarbige Blätter, Steine, Hölzer usw.
- Nach der Fertigstellung betrachten alle das Mandala, freuen sich an der Gestalt und erzählen einander, wie es ihnen beim Suchen, Sammeln und Gestalten ergangen ist.

Diese kontemplative, künstlerische Gestaltung ist ein Prozess, der in sich einen hohen sozialen, psychologischen, kommunikativen und spirituellen Wert hat, eine aktive Gestaltung bzw. Anverwandlung der Natur darstellt und eine heilsame Wirkung auf die Beteiligten hat. Man kommt zur Ruhe und ist mit seiner Achtsamkeit ganz im Augenblick gegenwärtig, denn die Gestaltung eines Mandalas ist immer auch ein Weg in die eigene Mitte. Das entstandene Kunstwerk ist zu würdigen, es ist aber nicht das Entscheidende in diesem Prozess. Die Natur kann es sich bereits in den nächsten Minuten durch einen kräftigen Windstoß zurückholen. Man sollte nicht versuchen, das Ergebnis für künftige Betrachter irgendwie zu sichern, sondern es im Augenblick genießen und sich daran freuen.

Eine andere Art und Weise der aktiven Anverwandlung von Natur wäre im Sinn des erwähnten Gabentausches der Versuch, der Natur etwas zurückzugeben. Wo über Jahrhunderte die Natur und ihre Rohstoffe ausgebeutet wurden, ist es an der Zeit, ihr etwas zurückzugeben. In vielen Wäldern finden Wiederaufforstungen statt, wo manchmal auch freiwillige Helfer gebraucht werden. So wäre bei Waldbesitzern oder Revierförstern nachzufragen, ob Hilfe und Unterstützung bei der *Anpflanzung und Pflege von Bäumen* benötigt und erwünscht ist. Vielleicht finden sich hier und da auch Gruppen aus mehreren Generationen – über den Kindergarten, die Schule, einen Verein oder die Kirchengemeinde –, die zu einer gemeinsamen Aktion bereit sind. Mancherorts finden auch Müllsammelaktionen in der Natur statt.

Viele Förster und Naturschützer meinen ja, dass man der Natur am meisten dient, wenn man sie – zumindest in begrenzten Regionen – sich selbst überlässt. So sind in den letzten Jahren und Jahrzehnten Naturreservate und Urwälder entstanden, in denen man sehen kann, dass die Natur sich selbst helfen kann, wenn sie denn nur in Ruhe gelassen wird.

Die Möglichkeiten der Gestaltung und Anverwandlung von Natur scheinen unerschöpflich zu sein. Der eigene Balkon oder Garten, der gepachtete Schrebergarten oder Acker bieten vielfältigen Raum für individuelle und nachhaltige Gestaltung von Natur. Dabei ist die Arbeit mit den Händen im Erdboden, das Ziehen von Pflanzen und schließlich das Ernten ein heilsamer und lustvoller Prozess der Transformation und Heilung für so manchen gestressten und ausgepowerten Zeitgenossen.

Dass es bei der großen Aufgabe der Bewahrung der Schöpfung ein ökologisch-politisches Engagement im Sinne der Anverwandlung von Natur von Einzelnen oder Gruppen, in Kommunen, Vereinen, Kirchengemeinden, aber auch in politischen Parteien und alternativen Bewegungen braucht, ist offensichtlich. Solche auch nur beispielhaft vorzustellen, würde den Rahmen dieses Buches sprengen.

Zum Schluss

Und doch, wenn du lange gegangen bist,
bleibt das Wunder nicht aus.[26]

HILDE DOMIN

Unsere gemeinsame Entdeckungsreise durch die Natur ist zu Ende. Sie haben sich mitnehmen lassen auf eine, wie ich hoffe, spannende Expedition und haben viele Anregungen bekommen für künftige Aufenthalte in der Natur. Vielleicht haben Sie sogar schon einzelne Übungen ausprobiert und zu einem festen Bestandteil Ihrer Spaziergänge und Wanderungen werden lassen, oder Sie haben richtig Lust bekommen, jetzt zu beginnen.

Die Achtsamkeitsübungen und Meditationen wollen eine Hilfe sein, zu intensiven Begegnungen mit sich selbst, der Natur und mit Gott. „Wenn du lange gegangen bist, bleibt das Wunder nicht aus“, sagt Hilde Domin. Das gilt auch für den Umgang mit den Übungen, sie entfalten ihre Kraft erst in der Ausdauer und Wiederholung. Lassen Sie sich aber nicht zum Aktionismus verleiten. Befreien Sie sich von allem Leistungsdruck. Gehen Sie frei damit um, probieren Sie aus, was Ihnen guttut. Weniger ist oft mehr.

Was wir letztendlich dabei erleben, ist nicht vorhersehbar, nicht machbar und unverfügbar. Jeder Aufenthalt in der Natur ist anders, weil der Ort, die Zeit und die eigene Verfassung immer anders sind, ist auch das Erleben jeweils ein anderes. Die Natur, so wurde deutlich, hat eine eigene Spiritualität, die es zu entdecken gilt und die uns inspirieren und beleben kann. Dabei können sich Resonanzen einstellen, aber auch ausbleiben. Aber wie auch immer, Leib und Seele werden dabei aufatmen und gesunden.

Mit dem kontemplativen Blick können wir nicht nur die Schönheit der Natur, sondern auch die Wunder und Spuren Gottes in ihr entdecken. Denn „die Welt ist Gottes so voll. Aus allen Poren der Dinge quillt er gleichsam uns entgegen.“[27] Wenn wir uns unser kindliches Staunen und die Freude an der Natur bewahren, dann werden wir immer wieder Neues entdecken.

Dass die Bewahrung der Schöpfung eine riesige Herausforderung und Aufgabe für die Zukunft ist, wird immer deutlicher. Die Liebe zu allem Lebendigen kann Motivation und Ansporn sein, die Aufgaben anzugehen.

Quellennachweise

Endnoten:

1 Papst Franziskus: *Laudato si. Über die Sorge für das gemeinsame Haus*, 2015, 4. korrigierte Auflage, Bonn 2018, 240 2 vgl. Hartmut Rosa: *Resonanz. Eine Soziologie der Weltbeziehung*, Berlin 2016, 453 ff. 3 Friedrich Schleiermacher: *Über die Religion. Reden an die Gebildeten unter ihren Verächtern*, Stuttgart 1969, 50 f. 4 Rosa, *a.a.O.*, 438 5 vgl. Rosa, *a.a.O.*, 436 6 Hape Kerkeling: *Ich bin dann mal weg. Meine Reise auf dem Jakobsweg*, München 2006, 343 7 Rosa, *a.a.O.*, 460 8 Rosa, *a.a.O.*, 463 9 Peter Wohlleben: *Das geheime Leben der Bäume, München* 2015, 50 10 Susanne Fischer-Rizzi: *Mit der Wildnis verbunden. Kraft schöpfen. Heilung finden*, Franck-Kosmos Verlag 2007 11 Dörig, *a.a.O.*, 4 f. 12 vgl. Manfred Gerland: *Faszination Pilgern. Eine Spurensuche,* Leipzig 2009, 183ff. 13 Alfred Delp: *Gesammelte Schriften, Bd. 4 Aus dem Gefängnis*, Hrsg. Roman Bleistein, Frankfurt 1982, 26 14 Reinhard Bäcker: *EGplus Nr. 137* 15 Karl-Heinz Ronecker: *Neige dein Ohr*, München 1991 16 Ralph Waldo Emerson: *Natur und weitere Essays*, Hamburg 2019, 235 17 Henry David Thoreau: *Walden. Ein Leben mit der Natur*, München 1999, 142 18 Richard Rohr: *Alles trägt den einen Namen. Die Wiederentdeckung des universalen Christus*, Gütersloh 2019, 15 19 *Evangelisches Gesangbuch Nr. 165 und Gotteslob Nr. 387* 20 Martin Buber, *Die Erzählungen der Chassidim* © 1949, Manesse Verlag, Zürich, in der Penguin Random House Verlagsgruppe GmbH, München 21 vgl. Manfred Gerland: *Meine Seele erhebt den Herrn. Eine evangelische Pilgerreise zu Maria*, Leipzig 2007, 42 ff. 22 Rohr, *a.a.O.*, 16 23 *Evangelisches Gesangbuch Nr. 302,3* 24 vgl. Rosa, *a.a.O.*, 298 25 Rosa, *a.a.O.*, 471 f. 26 aus ihrem Gedicht *„Die schwersten Wege"* 27 Delp, *a.a.O.*

Fotografien:
Annie Spratt, Unsplash
www.anniespratt.com

Literatur

Annette Bernjus mit Anna Cavelius: Waldbaden. *Mit der heilenden Kraft der Natur sich selbst neu entdecken*, München 2019

Martin Buber: *Die Erzählungen der Chassidim*, 1949, Neuausgabe Zürich 2014

Alfred Delp: *Gesammelte Schriften, Bd. 4 Aus dem Gefängnis, Hrsg. Roman Bleistein*, Frankfurt 1982

Bruno Dörig: *Schenk dir einen Wüstentag!*, Eschbach 1984

Ralph Waldo Emerson: *Natur und weitere Essays*, Hamburg 2019

Manfred Gerland: *Faszination Pilgern. Eine Spurensuche*, Leipzig 2009

Manfred Gerland: *Meine Seele erhebt den Herrn. Eine evangelische Pilgerreise zu Maria*, Leipzig 2007

Hape Kerkeling, *Ich bin dann mal weg. Meine Reise auf dem Jakobsweg*, München 2006

Papst Franziskus: *Enzyklika Laudato si. Über die Sorge für das gemeinsame Haus*, 4. korrigierte Auflage, Bonn 2018

Richard Rohr: *Alles trägt den einen Namen. Die Wiederentdeckung des universalen Christus*, Gütersloh 2019

Hartmut Rosa: *Resonanz. Eine Soziologie der Weltbeziehung*, Berlin 2016

Friedrich Schleiermacher: *Über die Religion. Reden an die Gebildeten unter ihren Verächtern*, Stuttgart 1969

Christa Spannbauer und Annika Behrendt: *Den Herzschlag der Natur spüren. Achtsam und verbunden leben. Mit Naturmeditationen und Übungen*, Freiburg 2020

Henry David Thoreau: *Walden. Ein Leben mit der Natur*, München 1999

Henry David Thoreau: *Über das Wandern und weitere Schriften*, Hamburg 2018

Georg Toporowsky: *Spirituelle Auszeit im Wald*, Freiburg 2017

Peter Wohlleben: *Das geheime Leben der Bäume*, München 2015

Peter Wohlleben: *Das geheime Band zwischen Mensch und Natur*, München 2019